AF314102

NOUVELLE CACOGRAPHIE,

DONT LES EXEMPLES SONT TIRÉS

TANT DE L'ÉCRITURE SAINTE

QUE DES SAINTS PÈRES ET AUTRES BONS AUTEURS;

Suivie

D'UN GRAND NOMBRE DE MODÈLES D'ACTES;

PAR F.... P.......

SECONDE ÉDITION.

A l'usage des Ecoles Chrétiennes.

PARIS.

Jᵇ. MORONVAL, ÉDITEUR, IMPRIMEUR-LIBRAIRE
des Frères des Ecoles Chrétiennes,
RUE GALANDE, Nᵒ. 65, PRÈS LA RUE Sᵗ.-JACQUES.
1829.

En ma qualité d'Editeur, et le Dépôt voulu par la Loi ayant été fait, je poursuivrai comme contrefacteur tout débitant d'Exemplaires qui ne seraient pas revêtus de ma signature, et qui ne porteraient pas mon nom au commencement et à la fin de l'ouvrage.

AVERTISSEMENT.

L'Esprit-Saint nous apprend que l'oisiveté engendre toutes sortes de désordres, et l'expérience confirme cette vérité. On ne saurait donc prendre trop de précautions pour détourner les Enfans d'un vice qui a de si funestes suites : c'est pourquoi on leur offre un petit ouvrage qui leur doit être aussi agréable par la beauté des phrases qui le composent, que par le moyen facile qu'ils y trouveront pour se former à l'orthographe. La douce satisfaction qu'ils ressentiront en trouvant eux-mêmes les fautes qu'on y a faites à dessein, les accoutumera à fixer une continuelle attention sur leur travail, récompensera leur application; et l'obligation d'en présenter chaque jour, au moins un Exercice corrigé, les détournera des lectures dangereuses et les empêchera de se livrer à des amusemens qui cessent bientôt d'être innocens lorsqu'ils sont ou trop multipliés ou trop prolongés. Ce petit ouvrage est divisé en quatre parties. La première contient des exercices gradués suivant l'ordre des dix Parties du Discours. Dans cette première partie, les mots à corriger sont en caractère italique; dans la seconde on marque par un chiffre placé à la fin de chaque ligne le nombre de fautes qui s'y trouvent; dans la troisième on les marque seulement à la fin de chaque Exercice. La quatrième est particulièrement consacrée à des Exercices sur les Participes et la Ponctuation. Enfin les Exercices sont suivis d'un grand nombre de Modèles d'Actes sous seing-privé, pour apprendre aux Enfans à en former de pareils dans le besoin. Le titre de cet ouvrage annonce assez quel a été le choix des phrases qui servent d'Exercices : aussi nous osons assurer qu'il n'y en a aucune qui ne soit propre à instruire ou à édifier, aucune qui ne dise quelque chose à l'esprit ou au cœur, aucune qui ne soit digne d'être mise sous les yeux de l'enfance chrétienne pour la porter à l'amour de la science et de la vertu.

EXERCICES

SUR

L'ORTHOGRAPHE.

PREMIÈRE PARTIE.

EXERCICES SUR LE GENRE ET LE NOMBRE DES SUBSTANTIFS.

Les Enfans mettront les mots suivans au pluriel, et en désigneront le genre par les lettres m. pour masculin, et f. pour féminin, en cette manière : l'homme m., l'heure f.

PREMIER EXERCICE. — Le prince, le sujet, le maître, le domestique, le serviteur, le père, la mère, le frère, la sœur, le cousin, le parent, l'ami, l'ennemi, l'oncle, la tante, le cœur, l'ame, l'esprit, la table, le banc, la chaise, la force, l'espérance, la douleur, la joie, la vertu, le vice, le livre, la plume, le papier, le cahier.

2e. EX. — Le bâtiment, l'appartement, la chambre, la rue, la ville, le village, le moulin, la maison, la demeure, la fête, l'année, le mois, la semaine, le jour, l'heure, le temps, l'époque, l'homme, la méthode, la terre, le sable, la pierre, le pain, le vin, l'huile, le pot, la bouteille, le verre, la fourchette, la cuiller, le mort, la sépulture, le jugement.

3e. EX. — L'agneau, l'anneau, le bateau, le berceau, le bureau, le couteau, le ciseau, le carreau, le hameau, la peau, l'oiseau, le tombeau, le tableau, le flambeau, le tuileau, l'aveu, le feu, le jeu, le lépreux, le neveu, le pieu, l'essieu, le désaveu, le cheveu, le caillou, le clou, le cou, le fou, le genou, la joue, le lieu, la lieue, le trou, le vœu, le nœud, le religieux, le mieux, le vieux, le pieux.

4e. EX. — L'animal, l'arsenal, le canal, le cheval, le confessionnal, le cristal, le fanal, l'hôpital, l'intervalle, le mal, le vassal, l'ail, le bétail, le bail, le détail, le soupirail, le travail (ouvrage), le travail (machine), le Ciel, l'œil, le ciel de lit, l'œil de bœuf, le conseil, le fauteuil, le deuil, l'accueil, l'écueil, la feuille, l'aïeul, le filleul, le seuil, le recueil, le sable, la table, le libelle, le mandat.

Mettre au singulier les Substantifs suivans, et en désigner le genre par les lettres initiales m. f.

5e. EXERCICE. — Les peurs, les larmes, les plaisirs, les peines, les pénitences, les privations, les yeux, les adresses, les nouvelles, les rangs, les habits, les fils, les outils, les ustensiles, les enfans, les dents, les vents, les glaces, les assiettes, les serviettes, les eaux, les pluies.

6e. EX. — Les bras, les noix, les défauts, les cieux, les yeux, les chevaux, les champs, les gants, les rideaux, les rateaux, les bijoux, les syllabes, les accens, les journaux, les légumes, les arbres, les herbes, les bois, les choux, les nez, les voix, les croix, les choix, les secours, les discours, les remords, les lambris.

Les Enfans corrigeront l'orthographe des mots suivans :

7e. EXERCICE. — Le mansonges, le feux, le desert, le ceintre, les aubligacion, le succè, les opiteaux, le discour, les colonbe, les soupirails, la faite, la chèse, le bans, la canpagnes, le puit, la nuie, le jourre, le carraux, le débus, l'affluanse, l'echel, le coutaux, les souillier, la yéritée, l'herreur, les catolique, les érétique, les fidels, l'exauption, l'anbission, les frases, les fylosofes, les champ, les dent, les parapluie, la colones, le ciècle.

Autres mots à corriger.

Le cayer, l'arithemétique, la tempaiste, la tronpeite, l'armoir, le someille, le soirre, la statu, la louenge, l'hutilitée, le tipe, le tuyot, l'huniformitée, l'husaje, le tême, la téologie, la sinfonie, le sarman, le cermant, l'eman, le nort, le mydi, l'heste, l'houeste, le paule, l'apuy, le caniffe, le cavot, le dézir, l'elleganse, la merveil, la précotion, la praticques, la nasse, l'armonie, la oteur, l'esitation, l'heritaje, l'himportense, la probitée, le mintient.

Dans le reste de cette première Partie les mots à corriger sont en caractère italique.

EXERCICES SUR LE SUBSTANTIF.

8e. EXERCICE. — Le *Substantife* est un *mots* qui, sans avoir besoin d'aucun autre, subsiste par lui-même dans le *discour*, et signifie *une* être réel, comme le *soleille*, la *tère*; ou, réalisé, comme l'*abondanse*, la *blancheure*.... On divise les *substantifes* en *nom* propres, en *nom* communs, et en *nons* collectifs. Les *anfant* doivent s'appliquer à en connaître l'*hortografe*, et à distinguer leur *jenre* et leur *nonbre*.

9e. EX. — Ignorer l'*hortograffe* de sa *lengue* naturelle étant une *chause* aussi honteuse que nuisible, on ne doit rien négliger pour acquérir une *conaissense* si essentielle. La *pluparts* des *enfent* regardent l'*hétude* comme la plus pénible et la plus désagréable de toutes les *ocuppassions*; et à *pêne* se trouvent-ils dans l'*inpocibilitée* de la continuer, qu'ils sont désolés d'avoir perdu un *temp* si précieux. — Un *anfant* qui était en *pancion* depuis trois *an*, écrivait la *dicté* suivante en cette manière : *Lorfellain net pas selui qu'y à pairdue sont paire, sait selluy qui nat n'y sianse n'y bone héducacion.* Il est probable qu'il n'eut pas le *prit d'ortograffe*; aussi il n'aimait que le *geu* et l'*amuseman* : n'imitez pas ce petit *paréceu*, si vous ne voulez partager son *ignorense* et ses *regrais*.

10e. EX. — On n'aime pas les *manteures*, et on déteste les *tronpeur*. — Les *calitées* de l'âme sont la *mémoir*, l'*antandemant* et la *volontée*. — La *gealousie* est un des plus grands *mots* qui affligent la *tère*; elle produit la *vangeance*, la *aine*, les *dissention*, et les autres *pascions* qui causent le *maleure* des *homme* et les plongent dans la *désolassion*. — La *calomni* est un *monstres* sans *yeus*. — La *douceure* du *caracter* est une des plus aimables *calitées* qu'on puisse recevoir de la *natur*.

11e. EX. — L'*étandu* est une des *propriétées* des corps. — Les *annés* se succèdent comme les *flaux*, et ne cessent de s'écouler. — Une *rapiditée* que rien n'arrête entraîne tout dans les *abbîme* de l'*éternitée*. — Plus on se livre à ses *panchant*, plus on en devient l'*esclaves*. — Notre *orgueuilles* s'augmente souvent de ce que nous retranchions de nos autres *défaux*. — La *condission* qui paraît la plus heureuse, a souvent des *amairtume* qui en corrompent toute la *félicitée*. — Les *ingeure* sont ordinairement les *résons* de ceux qui ont *tord*. — C'est parce que l'or est rare que l'on a inventé la *d'aurures*, qui, sans en avoir la *soliditée* ni la *duré*, en a presque le *briliant*. — Ainsi, pour remplacer la *vertue* qui nous manque, nous avons imaginé *l'ipocrisi*, qui en a toutes les *aparance*.

12e. EX. — Il y a en Dieu un *œuille* qui voit tout, une *aureille* qui entend tout, et une *mains* qui écrit tout. — La *confience* en Dieu est la *faurce* et *l'apuis* du *Crétiens*. — Le *détachemant* des *chréaturs* est le seul *chemains* qui conduit à *l'amoure* de Dieu. — Dieu ne met de *baurne* à ses *bienfet*, que parce que nous en mettons à notre *fidellitées*. — La *méditations* et la fréquente *confessions* sont les deux *gardienes* de la *grasse*. — Le *recueuillemant* est *l'aines* de la *prierre*, et la *dissipassion* est *l'enemi* de toutes les *vertues*. — Les *chrois* sont le *pin* quotidien des *Crétiens*.

13e. EX. — Le *jeux* et la *déboches* ruinent des *million* de familles ; *l'omaune* n'en appauvrit aucune. — Au *servisse* du *démons*, les *rose* se changent en *hépines* ; et au *services* de Dieu les *aipine* se convertissent en *rauses*. — Oseriez-vous dormir avec un *serpan* dans le *seing* ou sur le *baurd* d'un *praicipisse* ? c'est précisément ce que fait un *hommes* qui vit en *péchés* mortel. — Les *lumiaire* que les *filosophes* se vantent d'avoir répandues sur le *jenr'humin*, sont comparables aux *flame* d'un *inçandi*, qui ne frappent la *vu* que pour mieux découvrir leurs *ravaje*. — Aujourd'hui les *maichands* ont acquis *l'ard* funeste de donner un libre *essord* à leur *pervercitée*. — Plusieurs imitent les *farisyen*, aimant mieux paraître bons que de travailler à le devenir.

EXERCICES SUR L'ARTICLE.

Les Enfans mettront, devant les Noms suivans, les Articles le, la, *ou* l', *selon qu'il conviendra, désignant le genre par les lettres* m, f, *lorsqu'il ne faudra que* l'.

14e. EXERCICE. — Abîme, addition, baguette, biscuit, briquet, cabinet, calicot, cathédrale, décime, dôme, dommage, dépendance, ébène, écaille, écale, égard, élan, embûche, épouvantail, expertise, exil, fabrique, fanal, feinte, feuille, fils, fil, flatterie, fourneau, gain, gant, greffe, habit, halle, héros, horloge, hypocrisie, idée, illumination, imposte, jardin, lac, malle, merveille, nappe, obéissance,

obligeance, opprobre, palme, philosophe, qualité, reste,
rature, salutation, stalle, tache, texte, vaisseau, véhémence,
affront, lacune.

---

*Les Enfans mettront l'Article les devant les noms
suivans, en désigneront le genre par les initiales
m ou f, et corrigeront les mots qui sont mal
écrits.*

15e. EXERCICE. — Accident, *infidélitée*, balcon, *bote,
caje*, calomnie, *déclinéson*, défaut, dégât, dignité, demande,
éclipce, effigie, égoïsme, *éloquance*, ennuie, escalier, *étangt*,
extrait, facture, *faïance, fosseté, fiolle*, fluxion, *gatau,
glasse*, grimace, haine, hardiesse, humeur, ignorance, *imen-
sité*, labyrinthe, mer, masse, *nofrage, hongle*, opiniâtre,
panégyrique, problème, question, *ratau, ramau*, ratissoire,
séanse, syllabe, *tainture*, tribunal, veine, *vangeance*,
journal.

16e. EX. — Ange, épaule, *froit, chaut, sentimes*, livre,
intention, loi, corporel, *oppinion, reputassion, existanse*,
ferveur, *tiaideur*, bail, bercail, émail, *gouvernail*, cheval,
évantail, cailliou, someil, arosoire, bonheur, *progret,
gand*, genre, larme, *lense, justisse, bontée*, poisson,
ponpe, replie, apréansion, apuie, arche, arc, *désolassion*, destitution, *dévossion*, diadème, *dignitée*, épitaphe,
épocque, festain, fourrot, fronton, *humilitée*, herbe,
halle, *habis*, aine, *abitant, istoire*, local, méridional.

Exercices sur le Substantif et l'Article.

17e. EXERCICE. — Les *gramerien* ont *appele harticle*
un petit *mots*, qui, sans rien énoncer par lui-même, sert à
déterminer le *sent* plus ou moins restreint des *substantifes*,
tant *commun* qu'*abstret*. — *Larticle* doit se répéter avant
chaque *non* qu'il détermine, et en prendre le *jenre* et le
nonbre. — Le *cœure, lesprit*, les *meurs*, tout gagne à la
cultures. — Le *paire*, la *maire*, le *fraire* et la *seure* de cet
anfant.... et non pas les *pères*, *mère*, *frères* et *seur*. ..

18e. EX. — *Lhonnête hommes* ne parle jamais sans *respec* de Dieu, de la *religions* et des *chauses* saintes. — *Léclat*
des *grendeurs* et des *richèce* n'éblouit point les *yeus du
sages*. — *Linstructions* et la *vertue* distinguent *lhome de
lhommes*. — *Lignorense* peut être appelée la *nuie* de *lespris*.

1.

— Les plus dangereux *enemis* de *lhomme* sont *loisivetée* et *lintenpérence*. — *Lumilitée* est le *fondemant* des autres *vertues*. — *Lamoure* filial prescrit *aus anfans* *lobligassion* de soulager leurs *paran* dans leurs *besoin*. — *Lhardièce* et *leffronteri* rendent un *enfans* désagréable. — *Lhaine* et la *vangeance* sont également défendues.

19ᵉ. EX. — *Lindocilitée* empêche souvent les *anfans* de profiter des *lesson* qu'on leur donne. — Dieu a donné à *lame* et *aux corp* de *lhomme laître* et la *vies*, et leur réserve, *aus ciecle futur*, le *bon-heure* d'être associés *aus anjes* et *au sints*, pour jouir avec eux d'une *felissitée* sans *fein*. — Il y a des *parroice* où ce sont les *anfans* de *cœurs* qui servent *aus Messe* paroissiales, qui chantent *aus Kirie eleisons*, *aux Credos*, *aux* Sanctus, ainsi qu'*aus Vaiprès* et au *Saluts* des *Dimanche* ordinaires ; qui donnent le *pains* bénit *aux Clergée* et *aus Fidelle* ; enfin, ils doivent assister *aus Auffices* des *maurts*, et les accompagner *aux cimmetier*.

20ᵉ. EX. — Notre Seigneur alla *aux Tample aus Fêtles* de Pâques, à *lâge* de *douzes ants*, suivant *lusages* ; à trente *ants* il alla *aux* Jourdain pour y être baptisé par saint *Jans* ; ensuite il fut conduit *aus desaire*, où il jeûna pendant quarante *jour*. — *Lingratitudes* est le *mépri* ou *loublis* des *bienfait* reçus. — *Lirreligions* conduit *aus* plus grands *désordre* et *aus supplice* éternels. — La pratique de la *religions* assure *l'a confianse* dans les *santimant* ; *l'a surêtée* dans le *comerse*, les *lien* dans les *famille*, *léquittée* dans le *négosse*, et *l'a fidélitée* dans ses *devoires*.

EXERCICES SUR L'ADJECTIF.

Les Enfans mettront les Adjectifs suivans au féminin :

21ᵉ. EXERCICE. — Abject, absent, achevé, ampoulé, brave, bienfaisant, canonial, certain, doré, désert, égal, enclin, faillible, faible, grand, général, garni, haut, hostile, indigent, ignorant, jaspé, jaune, légal, lent, manuscrit, méchant, noir, niais, obligeant, oblique, pascal, permis, quitte, radical, radié, sain, saint, teint, transparent, ultérieur, urgent, vain, violet, zélé.

22ᵉ. EX. — Actif, adoptif, bref, blanchisseur, bleu,

caduc, collaborateur, doux, douillet, énumératif, expansif, faux, franc, furieux, grec, gentil, heureux, honteux, impérieux, instructif, jaloux, justificatif, laborieux, limitrophe, minutieux, mutuel, nouvel, nul, odieux, officieux, parleur, partiel, quêteur, religieux, rhumatismal, sablonneux, spongieux, temporel, turc, usuel, universel, vindicatif, vieil.

23e. EX. — Chagrin, épais, faux, favori, public, porteur, bel, mol, blanc, frais, décisif, divin, malin, benin, plein, exact, las, sujet, odieux, glorieux, voisin, sec, mou, roux, absous, intérieur, mineur, maître, sensé, pécheur, conducteur, accusateur, impartial, inégal, meilleur, furieux, vertueux, fou, fier, unitif, perpétuel, long, mortel, actuel, amer, cher, litigieux.

Substantifs avant lesquels il faudra mettre ce, cet, *ou* cette, *selon le genre.*

24e. EXERCICE. — Accord, Ange, arrosoir, borné, bonnet, calomnie, conscience, dépense, dessin, esprit, épître, évangile, espace, fausseté, fermeté, génie, glace, grêle, haillon, hommage, idolâtrie, index, jambon, joie, langue, liste, lune, maison, manche, morale, nez, nièce, nœud, opinion, odeur, os, passion, personne, place, quantité, qualité, question, rang, racine, sable, salut, scrupule, science, système, taille, tasse, troupeau, utilité, usage, véhémence, ventilateur, vendange.

Les Enfans feront accorder les Adjectifs suivans avec leurs Substantifs.

25e. EXERCICE. — La peine *capitals*, les couleurs *bleus*, les principes *générales*, une *bele* ame, le blé et l'avoine *moulue*, des enfans *rebels*, des dépenses *continuele*, des douleurs *éternel*, une *bel* histoire, les points *capitals*, un habit *usées*, un homme *gaie*, les péchés *capitaus*, une *bel* horloge, les *faut* rapports, les *vraie* mensonges, l'étude *favori*, les pieds et les jambes *enflées*, une guerre *continueles*, les pots et les seaux *plin*, les autorités *supérieurs*, les affaires *publics*, les travaux *publique*, la prière *mental*, un *nouveau* emploi, la bouche et les yeux *ouver*, une vie *modéré*, *réglées*, *laborieux* et *exempt* de vices rend l'homme *heureu*.

Exercices sur le Substantif, l'Article et l'Adjectif.

26ᵉ. EXERCICE. — *Ladjectifs* ne désigne ni un être *fisique*, c'est-à-dire *réelle*, ni *métaphisyque* ou réalisé ; mais seulement la *qualitée* ou la *maniaire* d'être du *substentife*. *Ladjectiffe seule* ne présente rien de fixe à *lesprit*, il ne lui offre que des *idés vague* et *indéterminés* : il faut donc qu'il soit accompagné de son *substentife* et qu'il en prenne le *jenres* et le *nombres*, d'après les *raigle* de la *Gramère*. — Nous devons fuir les *impis* comme des *peste publics*. — Le serpent *infernalle* fit espérer à nos *premier parans* que le fruit *deffandus* éclairerait leur esprit des plus *vifs lumiers*, et il les trompa sous ces *bels aparances*.

27ᵉ. EX. — Les gens *instruit* disent beaucoup de *chose* en peu de *mot*, les *ignorant* parlent beaucoup et ne disent rien. — Les bons *offises* et les *present* gagnent moins de *cœurs* que les *parolles honnettes* et *polis*. La bonne ou *mauvaises conduites* dépend souvent d'une *bone* ou *movéze* éducation. — Mes amis, faites un *bonne usaje* du *tamps* : car il passe rapidement. — Une *sentée parfaitte* est *meilleur* que les *grande richesse* : on la ruine souvent par *linconduitte* et les excès. — Le *vraie repot* dépend d'une *consciance pur*.

28ᵉ. EX. — Notre corps est *mortelle*, et notre ame *immortel*. — La *vrai* politesse ne consiste pas dans les cérémonies *affectés*, mais dans les *maniaires aisés ; civils* et *respectueuse*. — *L'inocence* est comme une *bele fleure* qui brille avec *écla*, et qui répand au loin *lodeure* la plus *agréables*. — On doit toujours parler de Dieu avec le plus *profon* respect ; son nom est *sainté et vénérables* ; il n'est pas même *permi* de l'employer sans *réson* et pour des *sujet vins* et *léger*. — Les hommes *vins* et *orgueuilieux* sont *semblable* aux épis de *blai*, ceux qui lèvent le plus la *taîte* ne sont pas les plus chargés.

29ᵉ. EX. — Les *movaise companies* corrompent les *bones* mœurs, détruisent les *meillieurs inclination* ; il faut donc éviter avec un *égale* soin, les *vieus* et les *geunes libertains*. — Les avantages de la *natur* sont *nulles* dans *lhommes* qui ne sait pas en profiter. — Le *vraie* mérite consiste dans la *vertue seulle*, pratiquée en la *manier* que Dieu le demande. — La *satisfactions* qu'on tire de la *vangance* ne dure qu'un *momant* ; mais celle qu'on tire de la *clémauce* est *éternel*. — Le *Crétiens* doit mener une vie retirée, *mortifié* et *pénitantte*.

3oᵉ. EX. — Le *travaille* est *estimables*, mais la *vertue* l'est bien davantage. — Dieu répand ses *faveures* sur les *jent vertueus*. — *L'home sages* met sa *confience* en Dieu.

— Les *vertue* se perdent dans *linterêsts* comme les *fleuve* dans la *mère*. — Les *vœu* que la *crinte* arrache à *l'ome* s'évanouissent avec le *dengers* qui les a fait naître. Les *bon Crétien* ne meurent pas, ils ne font que changer de *vies*. Que reste-t-il des *grandeures humeines* dans le *séjoure* du *tonbaux* ?

3ᴵᵉ. EX. — Craignez un Dieu *vangeurs* et tout ce qui le blesse : c'est là le *premiers pats* qui mène à la *sagesses*. — Ne plaisantez jamais ni de Dieu ni des *Saint* : laissez ce *ville plaisire* au *jeunnes libertains*. — Que votre *piëtée* soit *saincère* et *sollide*, et qu'à tous vos *discoures* la *vérités* préside. — Tenez votre *parolle* inviolablement, et ne la donnez pas inconsidérément. — Soyez *aufficieux*, *complaisent*, *dous*, *affables*, *polie*, *d'umeur égalle*, et vous serez aimable. — Du *peauvre* qui vous doit n'augmentez point les *meaux*. Payez à *louvriers* le *pris* de ses *traveaux*.

32ᵉ. EX. — Bon père, *bonné épous*, bon *mètre* sans *faiblesses* ; honorez vos *parans*, surtout dans leur *vieilliesse*. — Du bien qu'on vous a fait, soyez *reconaissant* ; montrez-vous *généreut*, *humein* et *bienffaisant*. — Donnez de *bone grasse* ; une *bel maniaire* ajoute un *nouveaux pris* au *présant* qu'on veut faire. — Rappelez rarement un *servisse* rendu : le *bienfai* qu'on reproche est un *bienfet perdu*. — Ne publiez jamais les *grâsses* que vous faites : il faut les mettre *aus rand* des *affairs secraites*. — Prêtez avec *plaisire*, mais avec *jujement*. S'il faut récompenser, faites-le dignement.

33ᵉ. EX. — *Aux bonneur* du *prochin*, ne portez pas *envi*. N'allez point divulguer ce que l'on vous confie. — Sans être *famillier*, ayez un *aire aisée*. Ne décidez de rien qu'après l'avoir pesé. — A la *rélligion* soyez toujours *fidel* : on ne sera jamais *honnaîte home* sans elle. — Détestez et *l'impi* et ses *daugmes tronpeurs* : ils séduisent *l'espri*, ils corrompent les *mœurse*. — Ne rejetez pas moins tout *prinscipe érétique* : c'est peu d'être *crétien* si l'on n'est *cathollique*.

34ᵉ. EX. — Aimez le *dou plaisire* de faire des *eureux*, et soulagez surtout le *povre vairtueux*. — Soyez *home d'onneur*, et ne trompez *persone* ; à tous ses *enemis* un *chœur nauble* pardonne. — Aimez à vous venger par beaucoup de *bienfai* ; parlez peu, pensez bien, et gardez vos *secraits*. —Ne vous informez pas des *affairs* des autres ; sans *aitre mystérieu* dissimulez les vôtres. — N'ayez point de *fiairté* ; ne vous louez jamais ; soyez *umbles* et *maudeste* au *millieu* des *succè*.

35ᵉ. EX. — Surmontez les *chagrains* où *l'espri* s'abandonne ; ne faites rejaillir vos *paines* sur *persone*. — Supportez les *umeure* et les *défaut* d'autrui ; soyez des *maleureu* le plus *sollide apuit*. — Reprenez sans *égreure* ; louez sans *flattairie* ; ne méprisez *persone* ; entendez *railleri*. — Fuyez les *libertains*, les *fas* et les *pédens* ; choisissez vos *ami*, voyez d'*honête gen*. — Jamais ne parlez *malle* des *persone absantes* ; badinez prudemment les *persone présantes*. — Consultez volontiers ; évitez les *praucés* ; où la discorde règne, apportez-y la *pait*.

36ᵉ. EX. — Avec les *ainconnus* usez de *défiense* ; avec vos amis même ayez de la *prudance*. — Point de *fols amour*, ni de *vain*, ni de *geu* ; ce sont là *troix écueilles* en *nofrages fameus*. — *Sobres* pour le *travaille*, le *somaille* et la *table*, vous aurez l'esprit *libres* et la *sanctée durables*. — Jouez pour le *plaisirs* et perdez noblement. — Sans *prodigalitée*, dépensez prudemment. — Ne perdez point le *temp* à des *chause frivolles*. — Le *sages* est ménager du *tamps* et des *parolles*. — Sachez à vos *devoire* immoler vos *plaisir* ; et pour vous rendre *heureu*, modérez vos *désires*. — Ne demandez à Dieu ni *grandeure*, ni richesse ; mais pour vous gouverner, demandez la *sajaisse*.

DIFFÉRENS PRONOMS.

Les Enfans désigneront la personne, le genre et le nombre des Pronoms ci-après.

37ᵉ. EXERCICE. — Je, me, moi, tu, te, toi, il, elle, lui, se, nous, vous, ils, elles, eux, leur, y, le mien, le tien, le sien, la mienne, la tienne, la sienne, le nôtre, le vôtre, la nôtre, la vôtre, les nôtres, les vôtres, les leurs, lequel, lesquels, laquelle, lesquelles, que, dont....

Exercices sur le Substantif, l'Article, l'Adjectif et le Pronom.

38ᵉ. EXERCICE. — Le *pronoms* n'a par lui-même aucune *significassion*, *ont* l'*emploie* au lieu d'un *nom* précédemment énoncé, pour en tenir la *plasse*, en réveiller *lidé tel* qu'elle est, et en éviter la *répéticion*. *Plusieur* mots nommés *pronom* par quelques *gramerien*, doivent être mis *aux rand* des *adjectifes*, puisqu'ils sont toujours *joinz* à un nom, *auxlieu* que le *pronon* en tient la *plasse*. La *gramairre* donne la division des *pronons* et des *raigles* qui y ont rapport.

3g^e. EX. — Le sage qui entend une *parolle sensé*, la loue et *ce* l'applique à *soit-mêmes*. — Un homme qui a *su* vaincre *ces passion* et *leurs* mettre un *frin*, a remporté la plus *bèles* de *toute* les *victoire*. — *Se* n'est pas assez de connaître *ces devoires*, *ils* faut les remplir. — Craindre Dieu et observer *ces commendemans*, *s'est là tous l'hommes*. *Quël satisfaxion* que d'être toujours avec le *meillieure* de *ces* amis, *s'est lavantage* que procure la *présance* de Dieu.

40e. EX. — *Ille* faut profiter des *grasses* quand *elle ce* présentent, *elle* s'affaiblissent *lorsqu'ont* les méprise. — Parer *sont* corps, *s'est* oublier *ç'a* fin, la *tère* et les *verres*.— *Se* qui m'étonne, est de voir les *riche c'enorgueilir* de *leur* richesses, comme *ci* un *lis* doré soûlageait un *malades*. —*Se* qui soutient *lhome aux millieu* des plus *grans reveres*, *s'est lespérènce* d'un *avènire* plus *heureus*.

41e. EX. — *L'anvi* et le *repot* sont à une *ci* grande *distence lun* de *lotre*, que plus on approche de *selluisi*, plus on s'éloigne de *selle-là*. — *Ile* y a *une aire d'a-fectacion* dans *cette oteur*, qui gâte *ces écrit*. — Lorsqu'on est *jeunne*, la vie parait sans *termes; cet* un *trésore qu'ont* croit *innépuisables*. — Plus on *c'éloigne* du *berçaux*, plus *ont* s'approche du *tombeaux*. —Honorez *selui* qui vous instruit, et remerciez *selui* qui vous reprend, si vous voulez devenir *saje*.

42e. EX. — Le *moyens* le plus *assûré* pour réussir dans *ces entreprise qu'elle qu'elle* soient, *s'est* de *ce* tenir dans une *abandont totale* à la Providence et dans la *dépandanse* de *ces disposicion*. — *Satant ce* transforme en *Ènge* de *lumiaire;* il ne faut pas *cétonner* si *ces mynistre ce* transforment en *mynistre* de *justisse*. — *Selui* qui à mis toute *sone* espérance en Dieu, doit être persuadé que quand *lunivers ce* soulèverait contre *luie*, il n'arrivera que *se qu'ille* plaira *aux Seigneure*.

43e. EX. — Dans *l'éducations* des *jeunne gent*, on doit avoir pour *bu* de *leurs* cultiver le *chœur*, de *leurs* polir *lesprits*, et de les disposer à remplir les *différante place* qui *leurs* seront confiées ; mais surtout *ont* doit *leurs* faire pratiquer *se* que Dieu et l'Eglise commandent, et les y accoutumer. —La *piétée* est *utille* à tous, et *s'est* à *elles* que les *bien* de la vie *présante* et *seux* de la vie *futur* ont été *promi*.

44e. EX. — *Une* homme *esclaves* de *ces passion* est infiniment plus à plaindre que *selui* qui gémit sous la plus *dur cervitude:* celui-*si* n'a pour *l'ordinère* qu'un *seule mètre* à contenter, *cellui-là* a autant de *tirant* qu'il a de *désires*. — *Ont* compte en *Frances quatres* cent *ville, quarente* trois *mils bours* et *vilages*, et quatre *milles* trois cents

quatre-*vingts* deux *rivierres*, où *petit ruissos*. — Plus *ont*
lit de *bon livre*, plus *ont* sent *leur béaytée* ; plus on *en lie*
de *movais*, plus on *ce* corrompt l'esprit et le cœur.

<hr>

EXERCICES SUR LE VERBE.

*Les Enfans mettront les Verbes ci-dessous à la
deuxième et à la troisième personne, et ensuite
aux trois personnes du pluriel ; ils en feront de
même pour tous les temps et sous le pronom de
chaque personne, tant du singulier que du pluriel.*

Je suis, j'ai, je regarde, je tiens, je dois, je réduis, je
crains, je chante, je viens, je puis, je vends, j'agis, je marche,
je m'abstiens, je me prosterne, je sers, j'appelle, j'emploie,
je couds, je découpe.

45e. EXERCICE. — Tu es, tu as, tu regardes, tu tiens, tu
dois...... il est, il a, il regarde, etc.

<hr>

*Les Enfans continueront de mettre un régime aux
Verbes suivans.*

Je suis content, j'aime l'étude, j'écris une lettre, je chante
un cantique, je prie pour mes parens, j'apprends une leçon, je
cours à l'école, j'écoute mon maître, je m'amuse avec mes
voisins, je vois ma maison.

46e. EXERCICE. — Tu es content, tu aimes l'étude, tu
écris une lettre, etc.

(*Ils en feront de même à tous les temps et à toutes les
personnes.*)

<hr>

*Les Enfans continueront de mettre les mêmes
Verbes à l'interrogatif en cette manière :*

47e. EXERCICE. — Suis-je content? Aimé-je l'étude? Ou
est-ce que j'aime l'étude?
Es-tu content? Aimes-tu l'étude, etc.?
Est-il content? Aime-t-il l'étude, etc.?

<hr>

Exercices sur les cinq premières Parties du Discours (*).

48e. EXERCICE. — Le verbe est le mot par excellence, il entre dans toutes les *frases* pour être le lien de nos *pensés;* lui *seule à* la *propriétée* d'en manifester *lexistence*, et *dex*primer le *raport* qu'elles *on aux presant*, au passé et *aux futures*. — Dans *toutes* proposition il y a trois parties *essencieles*, le *suget*, le verbe, et *latribue*. — Le *suget et lobjet* du *jugement*, *latribu* est la *calité qu'ont* juge lui *convenire*, le verbe affirme que la *calitée* attribuée *aux suget* lui *appartiens;* souvent le verbe et *latribut son* réunis en un *seule* mot : il *viens*, c'est-à-dire, il est *venans*. — Verbe Adorer.

49e. EX. — La *reconnaissances* est un *devoire*, non-seulement à *légard* de nos parens, qui sont, après Dieu, nos *premier* bienfaiteurs, mais aussi à *légart* de tous *seux* qui nous *fons* du bien. — Le *sallut et* ma *seul* et *unic* affaire. — Les *fauts chemains son* surtout à *crindre* dans la voie du *saluts.* — La voie *larges conduite* à la perdition ; *s'est* le *grend nombres* qui la *suis*. — Mon ame est *fait* pour Dieu, je ne la *donerai* pas *aux* démon. — Verbe Aimer.

50e. EX. — Le *péchés et* le *plu* grand de tous les *mauts*. — Vivre *une* instant en péché *mortelle*, c'est risquer *sont* salut *éternelles*. — Quel *étas* que *selui d'un* ame qui est en péché *mortele !* la mord n'atten plus qu'un *signalle* pour frapper, et la voilà en *enfere*. — Quand vous *seré tanté* de *cometre* un *péchés mortele*, rapellez-vous que *vou n'aites* éloigné de la mort que *dun pats*. — *Reprené* le sage, et *ils* vous aimera; *donez* une *ocation* au sage, et il *an deviendras ancore* plus sage : *anseignez* le *justes*, et il recevra l'instruction avec *ampressemant*. — Verbe Balancer.

51e. EX. — La crainte du Seigneur est le *commance*ment de la *sagese*, et la *sience* des *Saint* est la *vrai prudance*. — Si vous *aites* sage, vous le *seré* pour vous-même ; mais si vous *éte uns moqeure*, vous en *porteré seule* la *paine*. — Un *anfent* qui est sage *et* la joie de *sont* père ; *l'anfent insensée* est la *tristaisse* de sa *maire*. — Le *Saigneur* n'affligera pas l'ame du *juste* par la *famines*, et il détruira les *movais desceins* des *méchan*. — La bénédiction du Seigneur et sur la *teite* du juste ; *meis l'iniquitée* des *méchan* les couvriras de confusion. — Verbe Biffer.

52e. EX. — La *mémoir* du juste *cerá* accompagnée de louanges ; mais le nom des *méchans* périra *come* eux. — *Selui* qui *et vraiement* sage, *resoit volontiés* les *avi qu'ont* lui *done;* l'insensé, au contraire, s'offense de *se qu'ont* lui

---

(*) Les Verbes étant une partie essentielle dans l'orthographe, on pourra exercer les enfans à écrire ceux qui sont indiqués.

dis. — Celui qui marche avec *sinplicité*, marche en *assurence* ; mais *selui* qui *pervertis* ces *vois* sera enfin *découver*. — La *aine* excite les *quereles*, et la *charitée* couvre toutes les *faute*. — *Selui* qui profite des *avi* et des *corections* et dans le *chemain* de la vie : mais *selui* qui néglige les *réprimende* s'égare et se *pert*. — Verbe Cacher.

53e. EX. — *Quiqonque* parle beaucoup ne *seras* point *exemp* de péché ; mais celui qui *sai* retenir sa *lengue* est *très-prudant*. — La bénédiction du Seigneur *fais* les *homes* riches, et l'*afflixion* ne *ce trouveras* point *aveque* eux. — Ce que le *méchan crains* lui arrivera ; les *juste obtiendrons* se qu'ils *désire*. — Le *méchan* disparaîtra comme une *tâmpette* qui passe ; mais le juste *cera come uns fondeman éternelle*. — La crainte du Seigneur *prolonje* les *jour* ; les *année* des méchans *ceront* abrégées. — La *voi* du Seigneur et la *forse* de l'*home* de bien ; *seux* qui *fon* le *malle son* dans la crainte. — Verbe Couper.

54e. EX. — Le juste ne sera jamais ébranlé ; mais les *méchands ne* subsisteront point sur la *tère*. — La *balense tronpeuse* est en *abominassion* au Seigneur ; le *poid* juste est selon sa *volontée*. — Où sera l'*orgueille* là *cera* aussi la *confuzion* ; mais où est l'*humilitée*, là est *pareilemant* la sagesse. — Les *richeses* ne *serviron* de rien au *jours* de la vengeance ; mais la *justise* délivrera de la *mor*. — Après la *mor* de l'*impi*, il ne restera plus d'espérance ; et l'*atente* des *anbitieux périras*. — La *vile* sera élevée en gloire par la *bénédiction* que Dieu *done* au justes, et elle *cera* renversée par la langue des *méchan*. — *Selui* qui *ce* conduit avec *artifise révelleras* les *secret* ; mais *selui* qui à la *fidélitée* dans le *chœur* garde avec soin *se* qui lui *à étée* confié. — V. Demeurer.

Sur le Participe présent et l'Adjectif verbal.

55e. EXERCICE. — Des *argumens concluant*. — Des avocats *plaidants* une cause. — Je les ai vus *mourants* sur le champ de la gloire. — La sueur *ruisselante* sur le visage. — La rosée *découlante* des feuilles. — Voyez ces branches *dégoutant* de rosée. — Voyez sa figure *ruisselant* de sueur. — Des flots *écumant*. — Les animaux *rampant* sont.... — Une nouvelle *affligean* son cœur ; vient troubler mon repos. — L'ame *agissante* sur le corps. — Des feux *dévorant*. — Des eaux *dormant*. — Une question *appartenante* à la foi doit être respectée. — Une maison à lui *appartenant*. — Voilà une figure fort *parlant*. — Des paroles *outrageant*. — J'ai trouvé ces enfans *jouants, sautants, allants et venants*. — V. Donner.

Sur le Participe passé.

56e. EXERCICE. — L'habit que j'ai *achetées*. — Les habits que j'ai *acheté*. — Ma maison est *fini*. J'ai *finis* ces travaux. — Mes maisons sont *finis*. — Des arbres *coupé*. — J'ai *coupés* des arbres. — Des leçons *appris*. — J'ai *apprises* mes leçons. — Des prix *gagné*. — Tu as *gagnés* des prix. — Je suis *tombés*. — Elles sont *tombé*. — Nous sommes *arrivé*. — Ils sont *perdue*. — Elles sont *arrivé*. — Nous sommes *venu*. — Vous êtes tous *reçu*. — Elle a *prise* un remède. — Nous sommes *perdu*. — Vous êtes *déchu*. — Elles ont *réussies*. — Ils sont *surpri*. — Nous sommes *averti*. — La maison est *vendu*. — Les biens sont *loué*. — Des souliers *acheté*. — Des chapeaux *usé*. — Une assiette *cassé*. — Des vases *brisées*. — Les uns ont *chantés*, les autres ont *répondus*. — La vertu est souvent *opprimé*. — La justice qu'on vous a *rendu*. — La leçon qu'on vous a *donné*. — Les lettres que j'ai *reçue*. — J'ai *reçus* des lettres par lesquelles j'ai *apprise* des nouvelles intéressantes. — Verbe Ebranler.

Exercices sur les Participes, etc.

57e. EXERCICE. — On appelle *partissipe* deux *inflexion* que les verbes *reçoive* à *linfinitife* ; l'une *et celles* que l'ont *nome partissipe* présent, et *lotre pártissipes passée*. *Se* mot *et* ainsi *nommée* parce qu'il *participent* de la *natures* du verbe et de *selle* de *ladgectife*. — Les *gramerien* donne *plusieur* règles sur *lacord* et non *accort* du *partissipe* avec son *suget est* son *réjime*. Il faut les *savoire* et les *conprandre* parfaitement. — Verbe Eviter.

58e. EX. — Le participe *passee*, employé *seule* où *accompagnée* de *laccilière* être, *sacorde* avec son *nominatife* ou *suget*. — Des écoliers bien *instruit*. — Des *leçon* bien *sus*. — Mon *fréres à* été *punit*. — Mes *fraire* ont *étés punie*. — C'est dans le *cielle que* la *fain es rassasié*, que la *nuditée* est *revêtues*, que *linfirmité et guéri*, que *l'afflixion* est *conçolée*, que *l'ignorense* est *instruitte*. — Mes *manuscrit ratturés*, *barboullés* et *memes indéchifrables*, atteste la *paine* qu'il *mon coutés*. — Verbe Fabriquer.

59e. EX. — Le participe *passes* ne *sacorde* pas avec *sont nominatife* ou *sujet*, quand il est *accompagner* de *lauxilière* avoir : *Mon* frère *à écrite* une *letre*. — Mes *sœures* ont *écrites* des lettres. — Nous avons *aimés* notre *prochin*, si nous lui *avont randues* tout les *servise* que nous *avont pus*. — Cette *fleure* n'est pas aussi *bel* que je *lavait crue*. — *Ses* *fleures* ne sont pas aussi *belle* que je *lavé imaginées ; mès* il *fodret* faire *accordé* la *frase* suivante : Il *veux* fortement toutes les *chauses* qu'il *à* une *foi voulu,* parce *qu'alorse* il *ni* a *pa* de *vairbe* sous *antandues.* — Verbe Forcer.

60e. EX. — Le *partissippé passés s'acorde* avec *sont* régime *diréc* quand il en est *précédée.* — Le livre que *j'avait prêtée,* ont la *rendus.* — Les *livre* que *javais* prêté ont les à *randus.* — La *lettres* que vous avez *écris,* je *lai lu.* — Les *letres* que vous avez *écrit,* je les ai *lue.* — Mais il ne *sacorde* pas *quant* le régime *nest* pas *direts.* — Les trois lieus qu'il a *courues.* — Les *annés* que ces *ouvrage on durés.* — Les cinq *heurs* qu'il *à dormies.* — Dans *ses* cas, le mot que est pour pendant lesquels ou lesquelles. — Les *somes* considérable que son *héducation à coutées.* — Ici le verbe coûter pris *aux* propre *deviens neuttre.* — Verbe Gagner.

61e. EX. — Le participe passé ne *sacorde pats* avec *sont réjime* quand il n'en est pas *précédée* : Il a *acheter* un livre ; ils *on achetés* des livres. — Elle *at écrits* une *letre* ; elles *on écrits* des *lettre.* — J'ai *aimée* l'étude et *haïe loisivetée.* — Il a *meprisées* les richesses *périssable* pour *satacher a celle* qu'il *savaient êire éternels.* — Ils ont *opprimée* la *vertue, maltrètés* des *inocent.* — Ils ont *chantés* des airs ; elles *on repondues.* — Elle *à écrites* des lettres. — Elle a *lus* des livres. Ils *on lues* des *lettre* ; ils *ont achetées* des maisons. Ils *on vandues* des terres ; ils *on vandus leur* biens. — V. Habiter.

62e. EX. — Les *participe* des *verbe pronominaus essensieles sacorde* toujours, parce que *ses* verbes sont *précédé* de *leur* régimes *direc* exprimés par le *segond pronoms* ; exemple : ce *son* des *faute* dont ils ne *ce son* jamais *souciées.* — La crainte *sèt emparé* de son ame. — Les verbes *pronomineau accidentelles, formé* d'un *verbes* neutre, *on* toujours *leurs* participe *invariables* : ils se *son ris* ; elle ce sont *nuies.* — Les verbes *pronomineaux axcidenteles formée* d'un verbe *actife, on leur participes* tantôt variable et tantôt invariable, *celon* que le régime direct *suis* ou précède ce participe : Nous nous *somme plaint* de vos procédés. *Il ce son dits mil injure.* — V. Hasárder.

63e. EX. — Tout participe qui *forment,* avec *lauxilière* être ou *loxcilière* avoir, un verbe *imperçonele* ou *regardée* comme *telle, rest* invariable : La grande inondation qu'il y *à eue* cet *anée.* — Les grandes *chaleures* qu'il a *faites.* — Ils s'est *presentés* d'eux de vos amis. C'est peut-être *l'a* plus *joli* fête qu'il y ait jamais *eue.* — Les grands *vants* qu'il a *faits.* — La *bel journé* qu'il a *faite.* — Le participe de *ses* verbes n'à point *l'a voix actives,* puisqu'on ne *peu* pas dire que *se* soit quelqu'un qui ait *faites* les *chaleures,* etc. etc. — V. Imiter.

Exercices sur toutes les Parties du Discours.

64e. EXERCICE. — Où il *ni à persone* pour *gouverne*, le peuple *périra* ; mais le *salu* est ou il y *as beaucoups* de con-*saille*. — L'homme charitable *fai* du bien *a* son ame en *donans lomoné*. L'ouvrage du *méchand* ne *cera* point stable ; mais la *recompanse* est *assuré a selui* qui *cème* la *justisse*. — Les uns *donne se* qui est *a eus*, et *son toujour riche* ; les *autre ravisse* le bien *d'autruy*, et *son toujour povres*. — *Selui* qui cache les *blé*, *cèra modit* des *peuple* ; et la bénédiction *vien-dras* sur la *tete* de *seux* qui les *vende*. — Verbe Importuner.

65e. EX. — *Selui* qui *ce fi* en ses *richeses*, *tonbra* ; *mès* les *juste seron come* un *arbres* qui pousse des *feuiles toujour verte*. — Si le *justes* est puni sur la *tere*, *conbien plu* le *méchan* et le *pécheur !* — Celui qui aime la *corection*, aime *a* s'instruir ; mais celui qui *ait* les *réprimende*, est un *incensé*. — *Selui* qui passe le *temp à boir* du *vain* avec *plai-sire*, *laisera* des *marque* de sa *onte* dans sa *maisson*, en *ré-duisan* sa *familé* à un extrême *pauvretée*. — La *voi* de *l'insensée* est droite *a ces* yeux, mais *selui* qui est sage *ecoute* les *avi qu'ont* lui *donnent*. — Verbe Irriter.

66e. EX. — La *lengue* qui *profér* des *mansonge* est *an* abominations au Seigneur ; *mes seux* qui *agisse aveque cincéritée* lui *son agréable*. — La vie est *dan* le *centié* de la *justises* ; *mes* les *vois detourné conduise* à la *mor*. — Celui qui garde sa *lengue* garde *sont* ame ; mais *selui* qui est indis-*cret* dans ses *parole*, *tomberas* dans *baucou* de *meaux*. — Le *paresseu veu* et ne *veu* pas ; *ceus* qui *travaille vivron* dans l'abondance. — Il y a *toujour* des *quereles antre* les *superbe*. — *Seux* qui *fon tous* avec conseils, *son condui* par la *sagesse*. — Verbe Jalouser.

67e. EX. — Le bien *amassés* à la *âte diminura* ; celui *qu'ont receuile a* la main et *peu à peut*, *ce multiplira*. — Celui qui *fréquante* les *sage deviendrat* sage lui-*mesme* ; l'ami des *insansés* deviendra *semblables* à eux. — *Selui* qui *epargne* la verge à *sont fil* le hait ; *mai* celui qui l'aime *s'a-plique* à le *corigé*. — *Selui* qui marche par *uns chemain droi* et qui *creint* Dieu, est regardé avec *mépri* par *selui* qui marche dans *unes* voie criminelle. — Il y a une *voi* qui *paraî* droit à *l'home*, *mes don* la *fain condui a* la *mor*. — V. Juger.

68e. EX. — Le *ry* sera *mêlez* de *douleure*, et la *tristesse suis* la *joi* de bien *prè*. — *L'insensée recueilera* le *fruis* de ses *œuvré* ; et *l'home* de bien sera *ancore* plus *abon-daman réconpansé* du bien qu'il aura *fai*. — *L'imprudan* croit *tous* ce *qu'ont* lui dit ; *l'home abile considaire* tous ses *pats*. — Le sage *crain* et *ce* détourne du *malle* ; *l'ainsansé* passe outre, et *ce croid an sûretée.* — *L'impatien* fera des *action* de *foli*, et *l'home dissimulée* se rent odieux. — *Selui* qui méprise *sont prochin* pèche ; mais *selui* qui a *compassiont* du *pauvres*, cera bienheureu. — Verbe Laisser.

69e. EX. — Celui qui *croid aux* Seigneur aime la miséricorde. — La crainte du Seigneur est *unes* source de vie pour *évité* la chute qui *done* la mor. — *Selui* qui est *patian* se gouverne avec une grande *prudanse*, mais *l'impatian signalle* sa *foli*. — Celui qui *oprime* le *pauvres faid injur* à celui qu'il a *cré* ; mais *selui* qui *an à conpassion* rent honeure à Dieu. — *L'impi* sera *regetée* à cause de sa *malisse* ; le juste, au contraire, sera *ramplit d'espérense* au jours de sa mor. — La *justise* élève les *nation*, mes le péché rent les *peuple* misérables. — Verbe Louer.

70e. EX. — La *parolle dousse apeise* la colere, la *parol dur exite* la *fureure*. — Les *yeus* du Seigneur *contemple*, *an* tous lieux, les *bon* et les *mécheant*. — Les *vitime* des *impis sond abominable* au yeux du Seigneur ; les *vœu* et les *priers* des *juste* lui *sond* agréables. — La voie du *mechend* est en *abommination* au *Saigneur* ; celui qui s'attache à la *justise* est *aimez* de lui. — La *trenquilité* de l'ame est *come* une festin *continuelle*. — *Peut* de bien avec la *creinte* de Dieu, *vau* mieux que de grands *trésor acompagnés* de *trouble* et d'inquiétude. — Verbe Ménager.

71e. EX. — Il *vau mieus* être invité avec une *afection sinser* à *menger* des *erbes*, qu'à manger le *vau* gras lorsqu'on est haï. — *Lhome an* colère *eccite* des *quereles* ; celui qui est *patian* apaise celles qui *était* déjà *nés*. — Les pensées *mauvaise sond* en *abominations aux* Seigneur ; la parole *pur* lui sera *tré*-agréable. — Les péché *ce purifie* par la miséricorde et par la *fois* ; et tout *home évitra* le *malle* par la *craintes* du Seigneur. — Verbe Murmurer.

72e. EX. — Le Seigneur est *loint* des *impie*, et il *exausera* les *priers* des *juste*. — La *creinte* du Seigneur *ensaigne* la *sájesse* ; et *l'umilitée* précède la *gloir*. — Le *comancemant* de la *bone* voie est d'observer la *lois* de Dieu ; la *justise* lui est plus agréable que *l'imolacion* des *victime*. — Le cœur de *lhome* prépare sa *voi* ; *meis* c'est le Seigneur qui *dondui ces* pas et qui gouverne sa *lengue*. — La *justise* est *l'afermissemen* du trône des *roi*. — *L'home patian vau* mieux que le courageux ; et *selui* qui est *meître* de lui-même *vau mieu* que *selui* qui *forse* les villes. — Verbe Négliger.

73e. EX. — Les *bille* du *sor* se *jete* dans un *pant* de la robe ; mais c'est le Seigneur qui règle ce qui *an* doit *ariver*. — Un *peut* de *paint seque* avec la *pais*, *vau* mieux qu'une maison de *bone* chère avec des *querele*. — *Come l'ar-*

gen s'éprouve par le *feut*, et *l'ort* dans le *creusé*, *insi* le Seigneur *éprouves* les *cœur*. — *Selui* qui *méprises* le *peauvre* fait *injur* à celui qui l'a *oréé*; et *selui* qui se réjouit de la *rhuine* des *autre*, n'*évitra poin* les *chatiman*. — Verbe Nier.

74e. EX. — Une *réprimende ser* plus à un *home saje* que *sent coup* à un *insensée*. — Le *maleure* ne sortira *jamai* de la *maisson* de celui qui *ren* le mal pour le *bient*. — *Selui* qui absout le coupable, et *selui* qui *comdanel'innosan*, sont tous deux abominables *deven* Dieu. — Que *ser* à *l'insansé* d'*avoire* de grands *bien*, puisqu'il ne peut en acheter la *sajesse*? — *Selui* qui élève sa maison bien *aut* en cherche la *ruine*; et celui qui évite d'*aprandre* s'en *trouvra malle*. — Le *véritables* ami aime *añ* tout *tens*, et *lé frères* se *conaît* dans *l'udversitée*. — Verbe Offenser.

75e. EX. — La *joi* de l'ame *entretien* la *senté* du *corp*; la tristesse du cœur *decèchent* les os. — La *sagece relui* sur le *visaje* de *l'home* prudant; *l'insansé* a *toujour* les yeux *égaré*. — *L'ainsansée* même *passeras* pour sage, *s'ils peu ce tair*, et pour *aintelligen* s'il *fairme* la *bouches*. — *L'ainsensé* ne *reçoits poin* les *parolle* de sagesse, si vous ne lui *dittes se* qui lui est *agréables*. — Lorsque le *méchend* est *venue aux* plus *profon* des *péché*, il *méprises* tout. — V. Opérer.

76e. EX. — *S'est* un grand *malle* d'*avoire égart* à la *quallité* d'*uns méchend home*, pour se détourner de la *véritée dant* le *jugémans*. Les *parolle* de la *lengue* double *paraise* simples, mais *eles pénaitrent* jusqu'au *font* des *antrailes*. — *Selui* qui est *mout* et *lâches* dans *se* qu'il *fai*, n'est *guaire différans* de celui qui dissipe ce qu'il a. — Le *non* du Seigneur est *unes* forte *toure*; le juste y a recours, et y trouve sa *sûretée*. — Celui qui *repont avent* que d'*écoutere*, fait *voire* qu'il est *ainsansé* et digne de *conffusion*. — V. Passer,

77e. EX. — La *mor* et la vie sont *au pouvoire* de la *lengue*; ceux qui *aime* la sagesse *mengeron* de *ces fruit*. — Le *fau témoins* sera *punie*; et *selui* qui dit des *mansonge* n'*échapera* pas *a* la *justise* de Dieu. — La sagesse d'une *home* se *conaît* par *sa paciänse*; et il lui est *glorieu* de n'*avoire* pas de *ressantimant* de *l'injur* qu'ont lui fait. — Celui qui *done* au *povre prétte* au Seigneur à *aintérét*; et le Seigneur lui *randra* ce qu'il lui aura *prétée*. — Le cœur de *lhome chenge* de *pansées* et de *dessains*; mais la volonté de Dieu est *toujour* la même. — Verbe Posséder.

78e. EX. — Le *paresseu* cache sa *min* sous son *aissele*; et il ne *prant* pas *seullemant* la *paine* de la *porté* à sa *bouches*. — Le *vain* est une source d'*intanpérence*, et *l'ivrogneri entreîne* avec soi bien des *désordre*; *quiqonque* y met son plaisir ne *deviendras jamait* sage. Il est *glorieus* à une *home* de s'*éloignere* des *contestation*; mais les *imprudants* s'y *embarasse a* leur confusion. — Le *paraisseux* n'a

pas *voullu labourere a* cause du froid ; il *mandiera* donc *pandans l'étée*, et *ont* ne lui *donera* rien. — Verbe Quêter.

79e. EX. — Il y a assez de *jens* qui *passé* pour être *généréux* et *bienfeisents* ; *mes* où trouvera-t-*ont* un *home fìdeles* et *vrai* dans sa *paroles*? —Le roi qui est *assi* sur-*sont* trône pour *randre* la *justisce*, *dissipes* tout *malle* par son *seule regart*. — Qui *peu* dire : «Mon cœur est *pure*, je ne *sui souillée d'aucuns* péché »? — Double poids et double *maisure son* des *chose abominable devent* Dieu, — On *peu jugere* par les *inclinasion d'une anfent*, si un jour *ces œuvre ceront* pures et *droite*. — Verbe Rassembler.

80e. EX. — N'aimez *poin*. le *sommeille*, de *peure* que vous ne *tonbiez dan l'indigense* ; soyez *vigilent* et *laborieu*, et vous serez *dan l'abondences*. — Cela ne *vau* rien, *sela* ne *vau* rien, dit tout *home* qui achète ; *mai quend* il *ce* sera retiré, il se *glorifieras d'avoire* fait un *bonne* achat. — Ne vous *familliarisez poind* avec un *home* qui découvre les *secret*, ni avec *selui* qui use de *deguiseman* ou qui parle *a tor* et à *traver*. — Les *bien* qu'on acquiert en *peut* de *temp* ne *séron* pas à la fin bénis de Dieu. — Verbe Serrer.

81e. EX. — Ne *dite poin* : «je *randrais* le *malle* ; » attandez le Seigneur, et il vous *délivreras*. — C'est le Seigneur qui *condui* les *pat* de *lhome* ; et qui *es l'home* qui puisse trouver de lui-même le *chemain* où il doit marcher? — *Selui* qui ferme *l'aureile* au cri du pauvre, criera lui-même et ne sera point exaucé. — Celui qui aime les *festains* sera *dan l'indigeanse* ; *selui* qui aime le *vain* et la *bone chairé* ne *s'anrichira poin*. — La *bone réputasion vau* mieux que es *grande* richesses ; et *l'amitiée* est plus *estimables* que *l'ore* et l'argent. — Verbe Tenter.

82e. EX. — On dit *comunémant* : «Le jeune *home sui* sa *premierre voi* ; il ne la quittera pas même dans sa *vieilesse*. » —Celui qui est porté *a* la *miséricordes cera* béni, parce qu'il *à doné* de son *paint* aux *pauvre*. —Chassez le *railieure*, et les *dispute* s'en *irond* avec lui ; alors les *pleintes* et les injures *disparaîtron*. —Ne *faite poin d'ainjustice* au *pauvres*, parce qu'il est pauvre, et *n'oprimez poin* dans le *jugeman* celui qui n'a rien ; le Seigneur se *randra* lui-même le *défanseure* de sa cause, et il *persera* ceux qui *auron persé* son ame. V. User.

83e. EX. — Ne soyez point ami *d'une home* colère, et ne fréquentez point un *home* furieux, de peur que vous *n'apreniez* à vivre *come* lui, et que vous n'exposiez votre ame au *denger*. —Ne vous *donez* point *tent* de *paine* pour devenir riche ; et ne portez pas trop loin la *prévoyanses*, qui sert *souvant* de prétexte à *l'aviditée* d'acquérir des *richesse*. — Ne touchez point aux bornes des *faible* et des *petit*, et *n'anvahissez poin* le *cham* des *orphelains* ; car Dieu, qui se déclara leur proche, est *puissan*, et il *prandra* lui-même en main leur cause *contre* vous. — Verbe Visiter.

SECONDE PARTIE.

*Dans cette partie, on indique par un chiffre placé
à la fin de chaque ligne, le nombre de fautes
qui s'y trouvent (*).*

84e. EXERCICE. — Ne négligez poin de prandre la dé- 2
fanse des innoceans. Si vous dites : « Je n'en ait pas le pou- 3
voir » ; selui qui voi le font des cœur saura bien le discerner ; 4
rien n'échape à selui qui a doné et qui conserve l'être à votre 3
âme, et il randra à l'home celon ses œuvre. — Le juste 4
tonbera sep foi, et se relèvera ; mes les maichan seron 9
présipité dans le malle. 4 — Verbe Accomplir.

85e. EX. — Ne vous réjouissez poin de la chûttes de votre 4
ainnemi, de peure que le Seigneur ne le voye, que sela ne 4
lui dépleize, et qu'il ne rettire sa collère de dessu lui pour la 5
tourné contres vous. — Mon fils, creignez le Seigneur et le 4
Rois. — Seux qui dise au méchen : « Vous êtes juste » , seron 7
maudit des peuple est détestés des nasions. — Ne dittes poin : 6
« Je treiterais cette home-là comme il m'a traitée ; je randrai 7
à chacun selon se qu'il m'auras fait. » 2 — Verbe Bénir.

86e. EX. — J'aie passée par le cham du paraisseux et par 5
la vignes de l'home ainsansé ; et j'ai trouvé que tout était 5
plain d'horties, que les épine an couvrait toute la surfase, et 7
que la muraile de piaire étai abatu : au voyan cela, j'ai fait 8
mes réflection, et je me sui ainstrui par cet exemple. — Ne 6
prenez point de vous-meme une plasse honnorables, et ne 5
vous metez pas aux rand des grand. 4 — Verbe Chérir.

87e. EX. — Ne decouvrez pàs, dans la chaleure d'une que- 2
rèle, se que vous avez vus de vos propre yeux, de peure 5
qu'aprais avoir ôtée l'honeure à votre ami, vous ne puissiez 5
plus le réparé. — Treitez de votre affair avec votre amis, et 5
ne découvrez point votre secrait à une étrenger, de peure 5
que, l'ayant apris, il ne vous insulte et ne vous le reproche 1
san cesse. — Selui qui promet avec écla et qui ne tiens pas 4
sa promesse, est come les nués et le vant qui ne son point 4
suivi de la plui. 2 — Verbe Devenir.

88e. EX. — Si votre ainnemi a fain, donez-lui à menger ; 5
s'il a soif, donez-lui à boir ; car vous ammaseré insi sur sa 7

(*) On a suivi la même série de numéros, afin de donner plus de facilité
aux Maîtres pour indiquer les Exercices à faire.

taite des charbon de feu , et le Seigneur vous le randra. — Le 4
vant d'Aquilon dissipe la plui ; et le visages tristes fait tair 5
la lengue médisente. — Celui qui ne peu ce retenir en parlans, 5
est comme une vile toute ouvairte qui n'est point environné 4
de murailes. 1 — Verbe Eclaircir.

89°. EX. — L'imprudant qui retonbe dans sa foli, est come 4
un chient qui retourne à se qu'il avai vomis. — Avez-vous 4
vu une home qui se croi sage ? Il y a plu à espérer de selui 5
qui n'a point de sans, mes qui est sans présonption. — Come 5
une porte roulle sur ses gonts ; insi le paresseu ce tourne 5
dans son lis. — Quend il n'y aura plus de boi , le feu s'étain- 4
dra ; et quand il n'y aura plus de semeurs de rapors, les 2
querreles s'apeiseron. 4 — Verbe Finir.

90°. EX. — Les paroles du semeure de raports paraisse 4
sinples ; mais eles persent jusqu'aux font dés entrailes. — Ne 6
vous flatez de rien pour le landemein ; car vous ne savez se 4
que doit produir le jour suivans. — Qu'une antre vous loue, 3
et nom votre bouche ; que se soit une étrenger, et non vos 4
propres laivre. — La corections manifeste vaut mieux qu'un 5
amoure faint et dissimullée. — Les blessure qu'ont resoit de 7
selui qui aime, vale mieux que les beisers trompeur de celui 5
qui hais. 1 — Verbe Guérir.

91°. EX. — Les méchant ne pense point à se qui est juste, 4
mais ceux qui recherche le Seigneur, son atantifs à tous. — 6
Quiqonque détourne l'aureile pour ne point écouté la lois, 7
sa priere même sera exécrable devent Dieu. — Celui qui 2
cache ses crime ne réucira point ; mais celui qui les confesse 2
et c'en retire , obtiendra miséricorde. — Eureux l'home qui 4
et toujour dan la creinte d'offanser Dieu ! mais selui qui a le 6
cœur dure tonbera dans le mallé. 4 — Verbe Haïr.

92°. EX. — Celui qui, en jujan , a égart à la quallité des 5
persone , est très-coupable ; un telle home, pour une bouché 6
de paint , abendonera la véritée. — Celui qui reprand une 6
home , trouvera grâce ansuite auprès de lui, plus que celui 2
qui le tronpe par des parolles flateuse. — Celui qui dérobe 4
son pere et sa merre, et qui dit que se n'est pas un péché, a 4
par au crime des omicide. — Celui qui done au pauvre, ne 4
sera jamais dans le besoins ; mes celui qui rejete sa prierre 6
tonbera lui-même dans l'indijansé. 4 — Verbe Intervenir.

93°. EX. — Quiqonque se roidit avec mépri contre celui 2
qui le reprand , tombra tout d'un cou d'une chutte qui le 5
brissera et dont il ne guérrira jamais. — Quand les juste 3
seront élévés an honeure, le monde seras dans la joi ; mais 6
quand les mechens prendron le gouverneman, le peuple 5
gemiras. — Le juste prent conaissence des besoin des pauvre ; 7
mais le mechend ne s'ainforme de rien. 3 — Verbe Jouir.

94e. EX. — L'insansé répend tout d'un cou au déors tout 5
se qu'il a dâns l'esprit ; le sage ce retieñ, et ne laisse rien 3
échaper à contre-temp. — L'anfant qui est abândoné a sá 5
volontée, couvrira sa merre de confusion. — Instruisez et 3
corigez vôtre fils, et il cera votre consolacion et les délises de 5
vôtre ame. Avez-vous vu une home promt à parler, atendez 5
plutô de lui des folis que non pas qu'il se corriges. 3 — V. Languir.

95e. EX. — Le superbe sera humiliée, et la gloir sera le 2
partage de celui qui est umble d'espris. — Celui qui creins 4
les homme, tombèra bientô ; celui qui espère aux Seigneur, 3
sera élevée. — Toute parole de Dieu est pur come l'ort qui 4
à pasé par le feu ; et elle est uns boucliez pour ceux qui espère 6
an Dieu. — Lorsque vous antrez dans la meison du Seigneur, 3
conciderez où vous metez le pié, et aprochez-vous pour 6
écouté se que Dieu vous comende ; car l'obéissensé vau 8
baucou mieus que les victime dès ainsansés, qui ne connaisse 9
pas le malle qu'ils fond. 3 — Verbe Meurtrir.

96e. EX. — Ne parlez jamais ainconsidérémant, et que 2
vôtre cœure ne se ate poin de proféré des paroles devent Dieu 7
qui vous écoutent : car Dieu est dan le siel et vous sure la 5
tere ; c'est pourquoi parlé peut. Si vous avez fait un vœux à 5
Dieu, ne différez poin de vous en aquité ; car une promesses 6
imprudante et infidelle lui déplaî : mais acomplissez tous les 5
vœu que vous auré fait. 4 — Verbe Nourrir.

97e. EX. — Il vaut baucou mieu ne faire poin de vœux 4
que d'en faire et de ne pas les acomplire. — Que la légèretée 3
de votre lengue ne vous soi pas une ocasion de tombé dans 5
le péché, et ne dite pas : « Il n'y a point de providanse ; » de 3
peure que Dieu, irrité par vos parolles, ne détruise tout les 3
ouvrage de vos mins. — La bone réputasion vau mieux que 5
les parfumps les plus prétieux ; et le jour de la mor est pré- 3
férable a celui de la naissense. 3 — Verbe Offrir.

98e. EX. — Il vaut mieux aler à une maison de deuille 3
qu'à une maison de festain ; car dans celle-là ont est averti de 2
la fain de tous les home ; et celui qui est viveant panse a se 7
qui dois lui ariver un jours. — Il vaut mieux être repri par 4
un homme sages, que d'être sédui par les flateris des insansé. 6
— Ne soyez point pronpt à vous metre en coller ; car la co- 4
lère repoze dans le seint de l'insansés. 4 — Verbe Punir.

99e. EX. — Jouissez des bien aux jour heureux, et tenez- 2
vous prês pour le mauvai jour ; car Dieu a fait l'un come 3
l'autre, sens que l'home aid aucun sujets de se pleindre de 5
lui. — Ne vous acoutumez pas au actions criminneles, et ne 3
devenez pas insansé, de peure que vous ne mouriés avent 5
votre temp. — Un home quelquefoi domiñe sur un autre pour 3
sont propre malheure. 2 — Verbe Raffermir.

100e. EX. — Parce que la santanses ne s'exécute pas sur 4
l'heur contre les méchant , les anfant des homme commete le 8
crime sanz aucune creinte : mais quoique Dieu differ de 3
punir le pécheur , aprèt même qu'il a fais le mal cent foi , je 3
sais certainemant que ceux qui craigne Dieu , et qui respec- 3
tent sa présanse , seront heureux ; et qu'aux contrair le 4
méchans sera malheureus , et que ces joures passeront comé 6
l'onbre , parce qu'il ne respecte poin les yeux du Seigneur. 2
— Verbe Sentir.

101e. EX. —Il y a des juste a qui les malheur arive , come 7
s'ils avait fait les action des méchent ; et il y a des méchent 7
qui vive en assurensé , comme s'il avaient fait les œuvre des 6
juste. — Il y a des juste et des sages , et leur œuvres son dan 5
la min de Dieu : cependent l'homme ne sait s'il est digne 3
d'amoure ou de aine ; mais tou est réservé pour l'avenire, et 4
demeur ici insertain. 2 — Verbe Tenir.

102e. EX. — Toute sagesse viens de Dieu ; elle a toujours 1
étée avec lui , et elle y est avent tout les siècle. — Le Verbe 4
de Dieu au plus aut des cieu est la sourse de la sagesse ; le 3
Très-Haul a rependu sur tout ces ouvrages et sur toute chaire, 7
selon le partage qu'il en a fais , et il l'a donné à ceux qui 2
l'aime. — La creinte du Seigneur et la véritable gloir, et la 5
seule chose qui méritent qu'ont s'en glorifi ; c'est une sourse 5
de joi et une courrone d'alégresse. 4 — Verbe Unir.

103e. EX.—Selui qui craint le Seigneur ce trouvra heureux 3
a la fain de sa vie , et il sera bénie au jours de sa mor, — La 5
craintes du Seigneur est le commancemens de la sagesse , et 3
ele ce fait remarqué dan les ame justés et fidèle. — La creinte 8
du Seigneur est se qui senctifi la scienses. — La creinte du 6
Seigneur est la plénitude de la sagesse , est ele rassasi de l'a- 3
bondense de ces fruis ceux en qui elle habite, 4 — V. Vêtir.

104e. EX. — La crainte du Saigneur et la couroñes de la 4
sagesse ; et l'un et l'autre est un dons de Dieu : la crinte du 2
Seigneur chase le péchés. — Mon fils , si vous desirer la sa- 4
gesse, observer les commendemant de Dieu , et il vous la 4
doneras. — Ne soyez poin rébéle aux aimpressions de la 7
creinte de Dieu , et ne vous aprochez poin de lui avec un 3
cœur double. — Verbe Asseoir.

105e. EX. — Ne soyez point hipocrite devent les homme , 3
et que votre langue ne sojs point un sujet de chûte et de 2
skandale. — Soyez atantif à vos paroles, de peure que vous 4
ne tombié et ne déshonoriez vôtre ame, et que Dieu , décou- 3
vrant se qui étaient cachez an vous , ne vous brisse aux millieu 9
de l'assamblé : parce que vous vous éte aproché du Saigneur 5
avec une disposision maligne , et que votre cœure est plain de 3
déguisemant et de tromperi. 2 — Verbe Concevoir.

106e. EX. — Malheur au cœur double , au lèvres corrom- 1

pus, aux mains souillés de crimes, et au pécheur qui marche 2
sur la tere par deux vois! — Mon fils, lorsque vous entrerez 2
au servise de Dieu, préparé votre ame à la tantacion Hu- 5
milliez votre cœure et prenez patianse ; n'ayez point d'am- 5
presement et d'ainpatianse au temp de l'obscurité Souffrez 6
les retardement de Dieu, demeurez unis à lui, atachez-vous 3
à la justise, persévérez dans la creinte, et ne vous découragez 2
poin, afain que vôtre vie devienent à la fain plus abondente. 8
— Verbe Devoir.

107e. EX. — Aceptez de bon cœure tout ce qui vous arive, 3
et conservez la patiance au temps de votre humilliasion, car 3
l'oré et l'argen s'éprouve par le feut, et les homme que Dieu 6
veut resevoiré au nombre des sien, s'éprouve dans la four- 5
naise de l'afliccion. Ayez confianse en Dieu, et il vous tirera 2
de tous ses maux ; rendez votre voi-droite et espérez en lui ; 2
conservé sa crainte, et vieillissez avec elle. 3 — V. Entrevoir.

108e. EX. — Malheur à ceux qui ont perdue la pacience, 2
qui ont quitté les vois droites, et qui se sont détourné daus 2
des routes égarés! Que feront-ils, lorsque le Seigneur 1
comancera a examinere toutes chose? — Vous qui creigné 8
le Seigneur, atandez sa miséricorde est ne vous détournez 3
poin de lui, de peure que vous ne tonbiez. Vous qui craignez 3
le Seigneur, espérés en lui, et vous ne perdrés poin votre 5
recoinpancé. 3 — Verbe Pouvoir.

109e. EX. —Vous qui creignez le Saigneur, croyés en lui, 4
et vous santirez les effet de sa miséricorde, qui vous comble- 2
rons de joi. Vous qui craigner le Seigneur, aimez-le, et vos 3
cœur seront éclairéz et ramplis de consollation. —Considérez, 4
mes anfents, tout se qu'il y a eüe d'homes parmis les nations, 7
et saché que, de tous ceux qui ont espéré aux Seigneur, 3
aucun n'a jamais étée confondu. 1 — Verbe Mouvoir.

110e. EX. — Y a-t-il une homme qui soi demeurée ferme 3
dan l'observation des commendement de Dieu, et qui ar ait 4
été abandoné? Y en a-t-il un seulle qui, après l'avoir invo- 3
quer, en est été méprisé? — Car Dieu est plain de bonté est 6
de miséricorde; il pardone les péché, et il sauve au jour de 2
l'afflictions ceux qui le cherche dans la véritée. Ceux qui 4
craigne le Seigneur, ne seront point aincréduls a sa parole; 5
et ceux qui l'aime marcheront constemmen dans sa voics. 5
— Verbe Savoir.

111e. EX. — Ceux qui craigne le Seigneur, chercheront se 3
qui lui est agréable; ceux qui l'aime, seront remplie de sa loi. 3
Ceux qui craigne le Seigneur, prépareront leurs cœur, et 3
senctifiron leurs ame en sa présanse. — Ceux qui craigne le 8
Seigneur, garderont ces commendement, et ils auron patianse 6
jusqu'à ce qu'il jete les yeus sure eux an disant : 4 — V. Voir.

112e. EX. — «Si nous ne faison pénitanee, c'est dans les 2
mains du Seigneure que nous tomberont, et non dans cele 4

des homme ; car autand que sa majesté est élevé, autent est 4
grande ça miséricorde. » Ecouté, anfant, les avis de vôtre 6
père, et suivez-les, afin que vous soyez sauvé ; car Dieu à 2
randu le père vénérable aus enfant, et il à affermi sur eux 3
l'autoritée de la mère. 1 — Verbe Apprendre.

113e. EX.—Celui qui creint le Seigneur honoreras son père 2
et sa mère, et il cervira, come ses meltres, ceux qui lui on 4
donné la vie ; — Honoré vôtre père de tous votre cœur, et 4
n'oubliez poin les douleures de vôtre mère. — Honorez votre 3
père par action, par parole, et par une paciense sens bornes, 5
afin qu'il vous bénisse, et que ça bénédicsion demeure sur 2
vous jusqu'à la fin. — Verbe Battre.

114e. EX. — La benédictions du père affairmi la maisons 5
des enfant, et la mallédiction de la mère la détruit jusqu'aux 2
fondemant. — Mon fils, soullagez vôtre père dans sa vieilesses, 6
et ne l'atristez point durant sa vie. Si sone esprits s'affaiblit, 3
suportez-le, et ne le méprisez pas à cauze des aventage que 4
vous avez au-dessu de lui ; car la charitée que vous aurez eu 3
pour vôtre père ne sera point mise en oublie. 1 — V. Croître.

115e. EX. — Dieu vous établira dan la justise, il ce sou- 3
viendera de vous aur jours de l'afliction, et vos péchés seront 3
anéanti come la glase qui ce font en un jour serain.—Combien 7
est infâmme celui qui abandoivent son père ! Et combiens est 5
maudi de Dieu celui qui aigri l'esprit de sa mères ! — Mon 3
fils, montrez de la dousseure dans tout se que vous faite, et 5
vous serez plus aimé que si vous faisiez les action les plus 1
éclatente aux yeux des homme. 3 — Verbe Démettre.

116 . EX.—Humiliez vous en toutes choses, à proporsion 2
de se que vous ête grand et élevée, et vous trouverez grâce 3
devent Dieu : car Dieu seule est grand est puissant, et il n'est 3
hônnoré que par les humble. — Ne cherché point à décou- 4
vrire ce qui est au-dessu de vous, et ne tachez poin de 4
pénétré se qui surpassent vos forses ; mais méditez sens cesse 7
les commendement de Dieu, et n'examinez point avec cu- 2
riositée la plupar de ces ouvrage. 4 — Verbe Emettre.

117°. EX.—Ce son des secret qu'il n'est pas nécessair que 3
vous voyiez de vos yeu. — Dieu vous à découver baucou de 5
chose qui sont au-dessu de l'esprit humin ; contantez vous 4
de ses conaissences. — Plusieurs ont été séduit par la fausse 4
opinion qu'ils ont conçu d'eux-mêmes ; et l'illusion de leur 3
pensés les à retennus dans la vanitée est le mansonge. — Le 6
cœur dure sera accablée de maux à la fain de sa vie, et selui 4
qui aime le pérille y périras. 3 — Verbe Faire.

118e. EX. — L'au étaint le feu lorsqu'il est le plus ardant ; 3
et l'omône expie le péché. — Dieu, qui récompance les bones 5
euvre, consider l'aumônne ; il s'en souvien dans la suite ; et 7

selui qui l'à faites trouvera un apuie au temp de sa chute. — 6
Mon fils, ne privez pas le pauvres de son omône, et ne 3
détournez pas vos yeus de desu lui. — N'atristez poin le 5
cœur du pauvre, et ne diférez pas de donere à celui qui se 4
trouve dans un besoin pressent. 1 — Verbe Joindre.

119e. EX. — Ne détourner poin vos yeux du pauvres, quoi- 3
qu'ils vous aimportunne ; et ne donnez point sujet à ceus qui 4
vous demende de vous maudirent derier vous. — Prêtez 8
l'oraile au pauvre sans chagrain, est répondez-lui favorable- 4
man et avec doussèure. — Délivrez de la min du superbe celui 6
qui soufre l'ainjustise, et ne soyez poin laché et timuide, 6
quant il s'agi de prandre sa défance. 5 — Verbe Lire.

120e. EX. — Mon fils, ménagez le temp et évitez le malle. 3
— Ne rougisez poin de dire la véritée, quant il s'agirais de 5
vôtre vie : car il y à un sorte de onte qui fait tonbé dans le 7
péché, et il y en à une autrés qui atire la gloir et la grâsse. — 6
N'ayez poin d'égart a la quallité des persone aux dépans de 7
votre salu ; et ne vous exposez point à perdre vôtre ame en 3
vous laissant aler au mansonge. 2 — Verbe Mettre.

121e. EX. — Ne retennez point une parolle lorsquelle peut 3
être sallutair. — Gardez-vous de contredir an ocune sorte la 6
parole de véritée, et ayez la confusion du mansonge ou vous 3
aites tombez par ignorense. — Ne rougissez point d'avoué 8
vos faute. — Prennez la défanse de la justice pour sauvez 4
votre ame ; combatez jusqu'à la mor pour la justise, et Dieu 3
combatera pour vous, et ranversera vos ainnemis. 4 — V. Nuire.

122e. EX. — Ne soyez point pronpt à parler et lâche et 1
négligend à agire. — Ne soyez point come uns lion dans votre 4
maison, en vous randant terible à vos domestique et maltrai- 3
tent ceux qui vous son soumil. — N'ayé poin la main ouverte 6
pour resevoire et fèrmé pour doné. — Ne vous apuyez point 7
sur les richesses ainjustes ; et ne dite point : « J'ai sufisainent 4
de quoi vivre » ; car tous cela ne vous servira de rien au jours 2
de la vangeance et de l'obscuritée. 2 — Verbe Plaire.

123e. EX. — Ne vous abendonnez pas aux mauvais désir 2
de votre cœur, parce que vous été puissent, et ne dite pas : 3
« Qui aura le pouvoire de me faire randre conte de mes 4
actions ? » car Dieu certainemant en tirera vengeanse. — Ne 2
dite point : « J'ai péché, et quel male m'en est-il arivé ? » car 3
le Très-Hau est lant à punire. — Ne soyez point sans crainte 3
au sujet du péché qui vous a étée pardonés, et n'ajoutez point 3
péche sur péché. — Verbe Paraître.

124e. EX. — Ne dite pas : « La miséricorde du Seigneur 1
et grende ; il aura pitiée du grand nonbre de mes péchés » ; 4
car son aindignation, aussi bien que sa miséricorde, et 2
proche ; et sa fureure acablera les méchant. — Ne diférez 4

point à vous convertire aux Seigneur, et ne remetez point 3.
de jour an jours votre retoure ver'lui ; car sa collere éclatera 6
tout d'un cou, et il vous perdra au jour de sa vangeanse. 3
—Verbe Peindre.

125e. EX. — Ne tourné point à tout vant, et n'aléz point 4
par toute sortes de routes. — Soyé ferme dans la voi du Sei- 4
gueur, et constent dans vos santimens lorsqu'ils sont conforme 3
à la véritée, et que la parole de la pais et de la justise vous 3
acumpagne toujour. — Ecouté avec douceur ce qu'on vous 5
dis, afin d'aquérir l'inteligense et de randre avec sagesse une 5
réponce véritable. 1 — Verbe Répandre.

126e. EX. — Si vous éte assé éclairé, répondé à vôtre 6
prochein qui vous consulte, sinon que vôtre main soi sur 3
votre bouche, de peure qu'il ne vous échape quelque parole 2
aindiscrète dont vous auriez de la confusion. — Evitez de 2
passer pour un semeure de raports ; et prené garde que votre 4
lengue ne deviene pour vous un piaige et un sujet de confu- 4
sion ; car la langue double sera puni par de rigoureux 1
châtiment ; et le semeure de raports s'attire la haine, l'ini- 3
mitié et l'ainfami. 2 — Verbe Rire.

127e. EX. — Faites également justice au petits et aux 1
grand. — La parole doussse acquiert baucoup d'amis, et 4
adoussit les enemis. La langue de l'homme vertueu à une 5
dousseur qui le rent aimable. — Tâchez d'avoire baucoup 5
d'amis avec qui vous puissiez bien vivrent ; mais choisissé 4
antre milles celui don vous voulez prandre conseille. — Si 6
vous voulez avoire un ami, ne le prenez qu'aprais l'avoir 3
éprouvé, et ne vous fiéz pas ci tôt a lui. 4 —Verbe Rompre.

128e. EX. — Telle est ami, qui ne l'est que tent qu'il y 3
trouve son aventage, et qui cessera de l'aitre au jour de 3
l'affiction ; telle est ami, qui ce chenge en enemi ; tel est ami, 6
qui prandra querele avec vous, est qui, par aine, découvriras 5
des chose qui ne vous feron pas d'honneur ; telle et ami, qui 5
ne l'est que pour la table, et qui ne le ceras plus aux temps 3
de l'adversité. — Verbe Suffire.

129e. EX. — L'ami fidelle est une puissante protéctions ; 3
celui qui l'a trouvé à trouvée un trésore. Rien n'est compa- 3
rable à l'ami fidelles ; et l'ort et l'argent ne mérite pas d'êtres 7
mis an balence avec l'aventage de sa fidélitée. Ceux qui 4
craigne le Seigneur trouve un telle ami. Autant que l'home 7
craint le Seigneur, autant il sera heureux an amis, parce que 1
son ami lui sera samblable. 1 — Verbe Suivre.

130e. EX. — Mon fils, aimez des votre première jeunesse 1
à aitre instrui ; et vous acquereré une sagesse que vous con- 6
serverez jusqu'à la viéilesse. Aprochez-vous de la sagesse par 2
la paine et le travaille, come celui qui laboure et qui sèmes, 5

et atendez en paix ces eccelens fruit. Pour peut que vous 4
travailliez à la cultivé, vous goûterez bientot de ces fruit. 5
— Verbe Taire.

131e. EX. — Que la sagesse est amaire à ceux qui n'aime 4
point à s'instruir ! Elle est à leur égart come ses pieres pesentes 6
qu'on charge sur les épaulles des hommes pour éprouver 1
leurs forses ; et ils ne tarderons guère à c'en délivrer. La sa- 4
gesse ne ce découvre pas à plusieur ; mais elle fait sa demeure 2
dans ceus à qui elle est conue, jusqu'à-se qu'elle les conduise 3
a la vue de Dieu. — Ecoutez, mon fils, recevez une avis 2
sage, et ne rejettez point mon conseile. 2 — Verbe Vivre.

132e. EX. — Metez vos pieds dans ces fers, et engagez 2
votre coup dans ces chaines ; baissé votre épaulle, et portez- 6
la ; et ne vous enuyez point d'être dans ses liens. Aprochez- 2
vous d'elle de tout votre cœur ; et quand vous l'aurez embrassé, 1
ne la quitez point ; car vous y trouverez à la fin votre repos, 1
et elle ce chengera pour vous en un sujet de joi ; ses fers 3
devienderont pour vous une forte protection, est ses chênes 4
un habillement de gloire. — Verbe Absoudre.

Les Enfans ayant corrigé tous les Exercices pré-
cédens, pourront s'exercer à connaître l'ortho-
graphe des Substantifs composés ; ils doivent
remarquer que le Verbe, *la* Préposition *et l'Ad-*
verbe sont essentiellement invariables ; le Sub-
stantif et l'Adjectif prennent le Singulier ou le
Pluriel, selon le sens de l'expression.

Un abat-jours, des abats-jour, un arcs-boutant, des arc-
boutans.

Un arc-en-ciels, des arc-en-ciel, un avant-bra, des avants-
bras.

Une belles-mère, des belle-mères, un blanc-becs, des blancs-bec.

Un boute-feux, des boutes-feus, un cure-dents.

Un casse-cous, des casse-coux, un casse-noisettes, des casses-
noisettes.

Un chef-lieux, des chef-lieux, un chefs-d'œuvres, des chef-
d'œuvres.

Un contre-coups, des contres-coups, des contres-marches.

Un contre-ordres, des contre-ordres, un essuis-main.

Une demi-heure, des demi-heures, un garde-fou, des Hôtel-
Dieu.

Des passe-partouts, des passe-port, des passes-droits.

Un passe-temps, un porte-crayon, un portes-collets, des
porte-collets.

Un porte-mantaux, un porte-clef, des serres-tête, des tire-
bouchon ; des vices-rois.

TROISIÈME PARTIE.

Dans cette Partie, on marque seulement à la fin de chaque Exercice, le nombre de fautes qui s'y trouvent.

133e. EXERCICE. — Mon fils, trouvez-vous dans l'assemblé des vieillarts, et unissez-vous de cœur a leur sagesse, affin que vous puissiez écouté tout se qu'ils vous diront de Dieu, et que vous ne laissiez perdre ocune de leur excelantes paroles. — Si vous voyez un homme sage, allé le trouver dès le point du jour, et que vôtre pied presse souvant le seuile de sa portes. 18-V. Chanter.

134e. EX. — Donez toute votre aplication à se que Dieu vous ordone, et méditez sans cesse ces commendemens ; est ils vous donerat lui-même un chœur pour les observer, est la sagese que vous désirez vous sera acorder. — Ne faitte point de male, et il ne vous an ariveras point. — Fuyez l'injustisse, et le péché s'éloigneras de vous. — Ne demendez point au Seigneur la charge de conduir les autres, ni au roi une plasse honnorable. 30 — Verbe Manger.

135e. EX. — Ne vous glorifier point de votre justisse devent Dieu, car il conaîs le font de votre cœur, et n'afectez point de montré votre sagesse devent le roi. — Ne cherchez point à devenire juge si vous n'avez acez de forse pour vous opposer à l'ainjustisse, de peure que vous ne soyiez aintimidé par la concidération des hommes puissents, et que vous ne metiez votre aintégrité au basare de ce corompre. 28 — V. Marcher.

136e. EX. — Que votre cœur ne ce laisse point allez à l'abatement, — Ne négligé point de priere et de faire l'aumônne. — Ne dite point : « Dieu regarderas favorablemant le grands nonbre de dons que je lui présante ; et lorsque j'offrirai mes présents au Très-Hau, il les recevrat. » — N'invantez point de callomnies contre votre frère. — Abstenez-vous de toutes sortes de mansonges ; car l'habitude de mantir est très-mauvaise. 21 — Verbe Appeler.

137e. EX. — Ne vous mocquer point d'un homme dont l'ame est dans l'amertume ; car il y a un Dieu qui vois tout, et s'est lui qui eleve et qui humilit. — Ne vous répander point en grands discour dans l'assemblé dês vieillats, nom plus que dans vos prières. — Ne fuyez poin les ouvrages laborieu, ny la culture de la tère, qui a été créé part le Très-Haut. 18 — Verbe Avertir.

138e. EX. — Ne violez point la fois que vous devez a vôtre ami, parce qu'il diffaire de vous doner de l'argent ; et ne

mépriser pas, pour de l'ort, votre frère qui vous aimes saince
réniant. — Ne traitez point mal le cerviteur qui travaile
fidellemant, ni le mersenaire qui ce sacrifie pour vous. — Que
le serviteur prudant et fidèle vous soit chere comme votre ami ;
et ne le laisser point tombez dans la pauvretée. 23 — V. Ensevelir.

139e. EX. — Avez-vous des fils ? Travailez a les bien élevez,
et acoutumez-les au joug dèz leur anfanse. — Craigné le Sei-
gueur de toute vôtre ame, et ayez de la vénération pour ses
pretres — Aimez de toute vos forses celui qui vous a créé, et
n'abendonez point ces ministres. Faite-leur part des prémisses
et des sacrifices d'expiasion, comme il vous et ordonnée. 22
— Verbe Apercevoir.

140e. EX. — Ouvrez votre main au pauvres, afin que votre
sacrifisse et votre offrende soit parfait. — Exercez de bonne
grâce la charité anver les vivans, et faite ansorte qu'elle s'étande
sur les morts même. — Ne meuquez pas de consoller ceux qui
sont dans la tristaisse, et pleurés avec ceux qui pleuré. — Ne
soyez point paresseux a vissiter les malades ; car c'est la un
grand moyens de vous afermir dans la charité. 29 — V. Percevoir.

141e. EX. — Pensez, dans toute vos actions, à vôtre derniaire
fin, et vous ne pécheré jamais. — Ne contestez point avec un
grand parleuré ; et ne metez point plus de bois qu'il n'y en à
dans son feu ; qui nest déjà que trop ardant. — Ne méprisez
point un homme qui renonse au péché, et ne lui faite point de
reprochès sur sa vie passé. — Souvenez-vous que nous ayont
tout mérités le châtimant. 19 — Verbe Craindre.

142e. EX. — Ne méprisez point un homme dans sa vieilesse ;
car ceux qui vieilisse ont été comme nous. — Ne vous réjouissez
point de la mort de votre ainnemi ; considérer que nous mour-
ront tout, et que nous ne voulons pas devenire pour les autre
un sujet de joie. — Ne découvré point vôtre chœur a toutes
sortes de persone ; de peure que celui à qui vous vous fié ne soit
un faus ami, et qu'il ne médise ansuite de vous. 24 — V. Conduire.

143e. EX. — La sciance est un beau trésort ; mais la vertue
doit acompagné la science. — Sans la vertue, la sciance, toute
aimable qu'elle est, me semble un aventage bien peut désirable.
— Les hommes instruit me paraisse digne de la plus hautes
concidération ; mes je veut que l'homme savant joignent la
vertu a la sience. — L'instrucsion est prétieuse ; pourquoi la
negligé ? 28 — Verbe Confire.

144e. EX. — Les hommes dont léducation a étée négligé
souaite, mes envain, de réparé les heures perdu. — Le tems est
irréparable, les heures passé ne revienne plus. — Profité de
vôtre jeunaisse pour acquérire des vertues et de la science. —
Les vertues ci nécessaire au bonheure des humain, peuve
saquérire en tout tems, sependant il faux si acoutumé dès
lenfance. 44 — Verbe Perdre.

145e. EX. — Les qualitées du cœur ne son pas moin prétieuse que celle de lesprit. — Il faux prandre tout les moiens convenable pour acquérire des connaissance solide. — Mais il faut aussy travaillé de bonne heure a instruires sa raison et a formé son chœur. — Cette homme est savant, dira-t-on, mes il n'est pas vertueux. 28 — Verbe Naître.

146e. EX. — Cette autre possaide de grande vertue, mes il n'a pas d'instruction. — Auquelle des deux donneront-nous la préférance? a celui, sens doutte, chez lequelle les connaissances son remplacé par les vertues. — Voulez-vous, mon ami, etre estimé de tout le monde? soyés vertueux non moins qu'instruit; et fréquenté toujours des personnes qui joigne l'instruction à la sagesse. 28 — Verbe Joindre.

147e. EX. — Les sociétées dans lesquels nous nous trouvonz ordinairement, ne contribut pas peu a nous randre juste où injuste, honnête où dépravé; il seras dont toujour de l'intérait d'un jenne homme qui voudras ce formé l'esprit et le chœur, de ne fréquenté que des gens vertueus et instruit. — La science et la vertue fond la gloire, lornement et la consolation de lhomme. — Je plaint les jeunes gens qui sont assés stupide pour préféré de frivols amusemants au charmes de l'étude, et des plaisirs honteux au doucéur de la vertue. 42 — Verbe Coudre.

148e. EX. — Que de regraits ils ce prépare! quel destiné affreuse leur est réservé! — L'ignorance peu être apelé la nui de l'esprit, et cette nuie na n'y lune n'y étoille. — Plus un lieue est élevée, plus il est expausé aux tempetes, plus lair quon y respirent est froit et malsin. — Le cuivre à bau etre d'oré, il nest que du cuivre. — Insi en est t'il d'un fats; fut t'il le premier du conseille, il n'est qu'un fats. — Un sot ne sadmire jamais autant que lorsqu'il à fait quelleque sotise. 53 — Verbe Acquérir.

149e. EX. — Celui qui na pas honte de médire en sécret, est capable de calomnié en publique. — Ont nest jamais heureux au dépans du bonneheure des autre. — La politaisse tiend un milieu antre la fiertée et la bassece; elle à la diguitée de la premiere et la civilitée de la segonde. — Quiqonque peux pansé sa plaie, est a moitiée guérie. 32 — Verbe Courir.

150e. EX. — Ceux qui connaisse le monde save que ce corrigé est possible, et que ce déguisé ne lest pas. L'homme savant, qui parles, resemble a lhomme genereux qui donnent. Cependant la pauvreté tant la main, et lignorant ferme laureille. — On exageres ses imperfection pour faire passé l'éloge de ces vertues. — Telle homme prodigues les conseilles pour vous enseigné a vivre, qui ne donnerais pas un ecu pour vous empéché de mourire. — Nous echappon a la paraisse, mes nous y revenont toujoir. 56 — Verbe Faillir.

151e. EX. — Travaille a purifié tes pansé; si tes pansé ne

sont pas movaise, tes action ne le serons point. Il ni a pas de
gents plus vide que seux qui son plein de leur meritte. — La
movaise compagni rand le bon méchant et le méchand pires. —
L'hipocrysie est un hommage que le visse rand a la vertue. —
Il vaut mieu sandormir san soupée que de ce reveillé avec des
dette. 45 — Verbe Mourir.

152e. EX. — Un homme indiscrait est une letre décachelé,
tous le monde peux la lire. — La paraisse na pas un avoca,
quoi quelle est baucoup, dami. — L'ambition, qui nest pas
accompagné d'un talent réelle, amenes tot où tart une disgrasse.
— Ecrivé les iujure sur le sable, et les bienfait sur le marbre.
— Celui qui ce fait le plésant d'une sociétée à tout juste ce quil
faux desprit pour etre un sot. — L'homme vraiement sage
exposeras toujour sa vie pour le bien publique et pour déffandre
sa patris. 51 — Verbe Tressaillir.

153e. EX. — Ne faite rien dans le momant de la collerre. —
La plésanterie amer est le poison de lamitié. — Selui qui, le
matin, à ecousté la voie de la vertue, peux mourire le soir :
cette homme ne ce repantira pas davoir vécu; la mort ne luy
fera aucune paine. — Le prodigues repaut lor comme du fumié,
et lavare recueil le fumié-come de lor. — Sest ce randre le com-
plise d'une impertinanse que d'an rire. 45 — Verbe Salir.

154e. EX. — Seluy qui ce vange d'un petit afront sexpause a
resevoir de plus grands outrage. — Le vuide dun jour perdue
ne cera jamait rampli. — Laire quon respir sur les tombaus
cpure les pansé. — Selui qui persécutte lhomme de bien fait la
guére au Ciel. Le Ciel à créée la vertue, il l'a protéje : or selui
qui l'a persécutte persécutte le Ciel. — L'homme ne desir rien
aveque plus d'ardeure que les chausses dont la jouissance lui
est interditte. — Les excuse son raremant exante de man.
songe. 59 — Verbe Pourvoir.

155e. EX. — Le grand art de la conversacion est dattiré la
parole, de parlé peut, et de faire parlé baucoup les autre. —
Le crime est le boureaux de l'ame. — Plus les repantir son
promts, plus ils en épargne dinutile. — La crainte de Dieu est
le commansement de la sajesse. — Chaque jours de ta vie est
un feuillet de ton histoir. 26 — Verbe Vouloir.

156e. EX. — Milles parti de plésir ne laisse aucun souvenire
qui vailles selui dune bonne actions. — La vertue est belles dans
les plus lait, et le visse est lait dans les plus beau. — Chasses
la cupiditée de ton chœur, tes pied seront a l'abri des fer. —
Chaquun de nous coure a lavenire comme un oiseaux à lépie
de bled que le vant amporte, et nous néglijont lé chaml ou
nous trouveriont bien d'autres épie. 46 — Verbe Conclure.

157e. EX. — Le tant moissonne, et nous glanont; amployout
chaque jours de notre vie come sil devaient etre lé dernie. —

Chaque ciecle répaite a l'autre : tout les faulx bien produise de vraie meaus. Combien de personne ne juge des autre que par la vogues quils on par la fortune quils possede! 39.—V. Coudre.

158e. EX.—Il est beaux, il est grand davoir compassion de son ennemy dans sa défaitte.—La modesti et le respec son comme les pleures des enfant; leur faiblesse meme et leur impuissanse fond leur forse, et obtiène tout.—Se n'est pas assé que davoir de grande calitée, il faut encor savoir les économisé. Seluy qui est se qu'il parest, feras se qu'il à promi. 37-V. Croire.

159e. EX.—Le vice ampoisonne les plésire, la passion les flatté, la moderacion les éguisés, l'innocence les épure, la bienfaisanse les multipli, lamitiée les perpétues.—Notre repantire nest pas tant un regrait du mal que nous avont comi quune crainte de seluy qui peud en résulté pour nous.—On ne méprise pas tout seux qui on des vice, mes ont méprises tout ceux qui nond aucune vertue. Le desire de parêtre instruis faits quon negliges souvant les moïen de le devenire. 52.—V. Dire.

160e. EX.—Les deffaux de lame son comme les blessure du cors : quels-que soin quon prène pour les guérire, la sicatrisse parêt toujour; et elles sont à tout moinant en dangé de se rouvrir.—Le nom de la vertue cert à l'intérait tout autant que le visse.—Seluy-la est veritablement honeste home, qui veud estre toujour expausée a la vû des honestes jeans.—La vrai valeur concistes a faire sans témoin se quuon serais capable de faire devent touts le monde. 65 — Verbe Exclure.

161e. EX.—Tout seux qui saquitte des devoir de la reconnaissense ne peuve pas ce flaté pour sela detre reconnaissant.—Si les hommes agissait avèque justisse, il ni aurais rien a faire pour les jujes.—On ne loue aurdinairement les autre que pour en etres loués.—L'orgueille ne veux pas devoire, et l'amour-propre ce refuse à payé.—Dans ladversitée de nos mélieurz amis, nous trouvont souvant quelleque chose qui ne nous deplait pas. 59 —Verbe Luire.

162e. EX.—Rien nest impossibles : il y à dés vois qui conduise a tout; et, si nous avions assé de volontée, nous aurriont toujour assé de moyens.—La véritable éloquanse consiste a dire tous se quil faux, et a ne dire que se quil faux.—La fidélitée quon remarqués dant la pluspart des home nest quune invancion de lamour propre dans la vû d'attiré la confianse ; sest un moïen de nous elevee au dessu des autre, et de nous randre depositère des segret les plus important. 60 — Verbe Maudire.

163e. EX.—Ce qui parèt generositée nest souvant quune atubicion déguissé, qui méprises de petits intérait pour allé a de plus grants.—Il ni a pas moins deloquanse dans le ton de voix, dans les yœu et dans l'aire de la personé qui parle, que dans le choi de ces parolles.—Loisivetée ressamble a la rouille, elle uses beaucoul plus que le travaille. — La paraisse chemine si lantemant que la pauvretée ne tardes pas à l'attaindre. 48 — Verbe Rompre.

164e. EX. — La faim regardes a la porte de l'homme laborieu, mes elle nose pas entré dant la maison. — Nous aimon toujour seux qui nous admire, mais nous naimont pas toujour seux que nous admiront. — Les esprit mediocres condane ordinéremeut tous se qui passe leur porté. — Loublie de soit mesme est la pière de touche de la vrai grandeurc et la perfection de la sajesse. 40 — Verbe Résoudre.

165e. EX. — Si la vanitée ne renverce pas antièrement les vertue, du moinz elle les ebranlent toute. — Nous oublions esément nos fautes, lorsequelle ne son conu que de nous. — Nous avont plus de paraisse dän l'espri que dans le corps. — Se qui nous rand la vanitée des autre insuportables, s'est quelle blaisse la notre. 34 — Verbe Vaincre.

166e. EX. — La marque la plus vrai dun chœur né avec de grande calité, ses dèstre né sans envi. — Les passion les plus violantes nous lesse quelquefoi du relache; mes la vanitée nous tourmante sans cesse. — Il sans faux bien que linnosanse trouves autant de protecteur que le crime. — On devient insansiblemant vile aveque un maitre qui lest. 43 — V. Accepter.

167e. EX. — Nous navont pas le courage de dire, en générale, que nous navont pas de défaux, et que nos ennemi nont aucune bone calitée; mes, eu détaille, nous ne somme pas trot éloigné de le croire. — Peut de jents sond assé sage pour préféré le blamme, qui leur est utille, a la louanges qui les trahis. — La mauvaise fortune nous corige de sertain défaux que la raison ne saurais corigé. 44 — Verbe Affecter.

168e. EX. — Si tu a achetez se qui est superflue pour toi, tu ne tardera pas a vandre se qui test le plus nécessaire. — On disait a labé Arnaud : la clartée est l'attribue de la langue française. — S'est sont plus grand besoin, s'écria t'il! — Nous gagnerIont beaucoup plus de nous laissé voire tel que nous somme, que d'essayé de paraitre se que nous ne somme pas. 31 — Verbe Alimenter.

169e. EX. — Quést se quun papilion! Se n'est tout au plut quune chenille habilié; et voila ce quest le petit maitre. — Les enfans et les fou s'imagine que vint frans et vint ans ne peuve jamais finire. — Il ni a rien daussi chere que le tant; seux qui le perde son les plus blamablé de tous les prodigue. — Si sést un grand bonneheure que davoir se quon désir, s'en est un bien plus grant que de ne désiré que se qu'on a. 53 - V. Argumenter.

170e. EX. — On ne dois regardé aucun homme comme heureus avant sa mort. — Chaquun recueil se quil à semé, a dit un philosophe Chinoi; si tu sème du millait, tu recueillera du millait; si tu séme du rit, tu recoltera du ry. — Sest dans le perille, quon reconnaie lés homme vraimant courajeu, de

memes que sest dans ladversitée quon reconnais les vraiz
ami. 48 — Verbe Commenter, verbe Cesser.

171e. EX. — La sagesse est un trésore qui nenbarasse jamais;
il fau prandre tout les moyen pour lacquérire. — Toute les foi
que je trouve un hommes pauvre tres reconnaissant, j'an
conclut quil serait jénéreu sil était riches. — Seluy qui pardone a son ennemy, et lui fay du bien, resemble à l'ansan qui
enbaume le feux qui le consumes. 36 — Verbe Escompter.

172e. EX. — Qui ne conviendras que la sociétée seraid une
chose charmente ci les homme s'intéressait les uns aux autre?
— On ne devrais jamais être honteus davoué quon a eus tord,
puisseque sest dire, en dautre terme, quon est plus sage au-
jourdhui quon ne létait hyer. — Un brave homme qui a étée
insultée ce trouve tout de suitte supérieure a celui qui linsultes,
parsequil peux pardoné. 44 — Verbe Escorter.

173e. EX. — Seluy qui caches ces faute en veux faire encor.
— Un fils qui à fais versé des larme a sa mère, peux seule les
essuyé. — On gagnent toujour a taire se quon nest pas aubligé
de dire. — Nous pardoné a nous meme les traverse que nous ne
pouvont souffrire dans les autre; sest nous arrogé le droi dêtre
fou tout seule. — Quiconque attant le superflue pour secourire
les pauvre, ne leur donnerat jamai rien. 50 — Verbe Eviter.

194e. EX. — Lhomme de bien nest occupé que de sa vertue,
le méchand ne lest que de ces richesse. — Le premié panse
continuellemant à lintérait de la républic; mes le segond à
d'autres sousis, il ne panse qua se qui le touches. — Pour
opérée le salut publique, il faux que la sajesse et la puissence
ce trouve réunit. — Ce tronpé est de lhomme; mais persisté
opiniatremant dans son erreur, est d'un saut ou dun foux. 54
— Verbe Exalter.

175e. EX. — Un faux ami est comme lombre du cadrant so-
lair, qui ce montre quant le soleil lui, et disparet a lapproche
du plus lége nuage. — Qui veut aprandre a bien mourire doit
aprandre oparavant a bien vivres. — Linstruction est un
thrésore, et le travaille en est la clef. — Ne soiate pas la mort
de ton ennemy, tu la soiteraiz en vin; sa vie est antre les main
du ciel. 40 — Verbe Excepter.

176e EX. — Tu demande a Dieu des richesse, il tan accor-
deraient s'il n'avais pitié de ta sautise. — Persone na jamait
ceuillis le frui du bonheure sur larbré de linjustisse. — Tu est
jeûne, ait grand soin de fuire la voluptée; tu es à lage virille,
ne manques pas de fuire les querelles et les contestacion; tu es
arrivée à la vieilliesse, fui avèque soin lavarice. 44 — V. Exciter.

177e. EX. — Les plus méchant des homme son ceux qui ne
veule pas pardonné. — Fere du bien quant on le peux, en dire
de tous le monde, ne jamais porté un jujemant présipitée. —

Sest par de tel actes de justisse et de bontée, que nous aquerront
de grand droits a l'estime public. 32 — Verbe Exécuter.

178°. EX. — Les défaux des père ne doive jamais être imputé
aux enfant. — Parsequun père ce sera randu indignes, par ces
crime; detre élevé aux amploi et aux charge public, ont ne dois
pas pour cela en exclur le fils, s'il ne sen rand pas lui-meme
indigne. En effet, les crimes et les fautes son personnel. — Un
étrangé, qui était a Lacèdemone, admirait le respec des jeunes-
jens pour les vieillard : se nest qua Sparte, dit il, quil est
agréable de vieillire. 45 — Verbe Exempter.

179°: EX. — Si tus voyéz une vipaire dans une boitte dor,
en aurai tu moins d'horreure? Regardes du mesme œuil le
mechan anvironé déclats. — Les bien de se monde ne nous
appartiènc qu'en usue-fruit. — Nous somme naturélemant porté
a la dominacion; quel santimant plus injuste? avon-nous des
droit pour vouloir nous élevé au dessus des autre. 45-V.Exhorter.

180°. EX. — Lamour des richesse et le comancemant de tous
les visse, comme le désinteressemant et la sourse de toute les
vertue. — Contenté vous dexcellé dans les chauses de vôtre
profession; le forgerout ne fais pas de pantoufes, et le cor-
donié ne fabric pas darme. — La véritée est pour les sot un
flambau qui lui dans le brouliard sens le dissipé. 44 -V.Exister.

181°. EX. — Se nest jamais la pauvretée, sest lambision seul
qui nous rants mal heureu et dépandant. — Laissons la puis-
sanse et les richesse aux autre hommes; pour nous, faisont que
la vertue soie notre partages et lunic mobil de nos action. —
Il faux déclaré la guerre a sinq chause, savoir : aux maladis
du corp, a l'ignoranse de lespri, au passions du cœur, au cédi-
tions des villé, et à la discorde des familles. 45 -V.Expérimenter.

182e. EX. — La nature, en nous donant deux oreille et une
seul bouche, as voulue nous faire connaitre qu'il faux plus
écouté que parlé. — Ses la vertu seul qui fet naitre et entretien
lamitié; hors lon peux dir quil ny a pas d'amitiée sant vertu. —
Le sage resamble a un tireure à larque, qui ne raportent la
faulte qua lui-mesme, lorsquil ne done pas a sont bu. 50
— Verbe Exploiter.

183e. EX. — Une vie réguliaire est la melieur philosofie; une
consianse pur est la melieur loy. — Lhome est avidés des art et
des sience, il consumes ces beaux jour a contamplé les féno-
maine de la nature, et naprant nulemant à ce connaitre. — Le
calomniateure est la plus cruel des betes férosses, et le flateure
la plus dangéreuse des betes privé. — Rien ne prouves mieu
l'insulisance de la promesse, que labitude du serman. 59
— Verbe Feuilleter.

184°. EX. — La calomnie et comme la guespe qui importu-
nent s'en cesse, et contre laqu'elle il ne faux faire aucun mou-
vemant, amoin qu'on ne soye sure de la tué, sang quoy elle
revient à la chargent plut furieuses que jamai. — Tout chéffe

pourvûe d'une otorité quelléconque doi çe persuadé forteman
que les homme ne son pas nai pour luy estre asservi , mait que
le superieure n'ait étably que pour deffandre et protége l'infé-
rieure ; de même que le passager nest pas fait pour le pilotte ,
mait que le pilotte ait fait pour le passager. 67 -V. Fomenter.

185e. EX. — Une promaisse sans éfet est un belle arbre sans
fruits. — On doi çe consolé de ces fautes quant on à la force de
les avoué. —Ceux qui critique le plus les actions dautrui ressamble à ses architeques qui , toujour or de chés eux , occupé
à construir et a conservé les maison des autre , laisse tonbé
eux-meme ledifice qui leurs appartien. — La maladi marches
sur les pas de l'intampéranse , et la pauvreté sur ceux de la
paraisse. 51 — Verbe Fréquenter.

186e. EX. — Les petis espri son comme les bouteille à gou-
lau étroits, qui font d'autant plus de brui quant ont les vide ,
quelle contienne moint-de liqueure. — La simple honeteté est
la mélieur politaisse, et la tempéranse le mélieur medesin. —
L'orgueille nous cépaient de la société; nôtre amour propre
nous done un rant a par qui nous ait toujour disputée. 48
— Verbe Gâter.

187e. EX. — Ont trionfe d'une movaise habitude plus aisé-
mant aujourdui que demin. — Ont peu dire aveque réson que
la jalousie est un homage maladroit que linférioritée rant au
meritte. — Sest aitre égalemant fou que dansaigné la vertue
et dan négligé la pratic. — Un poëte Anglet a dit : Le tant de
ladversité peu être regardée comme la séson de la vertue. 54
— Verbe Hériter.

188e. EX. — Les honestes gens se lies par les vertus, la plupar des homes par les plaisir , et les sélérat par les crime. —
On à baü fere, la véritée séchappe, et perse toujour les
tenaibres qui l'environne. Le tams , qui consumes tous ; detrui
les erreure meme. — La connaisanse nous porte a lhumanitée
et a la douceure; il ni a que les préjugés qui puisse nous y faire
renonser. 48 — Verbe Hésiter, verbe Honorer.

189e. EX. —Il en couste bien plus pour nourir un visse que
pour entretenire dix malheureus à la fois. — Un enfant doid
estre dans une éternel appréencion de fairre quelleque chause
qui déplèse a ces parens ; cette crinte dois locupé sans cesse : en
un mots , ils doit agire dans tout se qu'il fais aveque tant de
précotion , qu'il ne face jamais rien qui offence ou qui afllige
tent soi peut les oteur de ces jours. 48 — Verbe Impatienter.

190e. EX. — Lestime de soi mesme , qui ce fet trot sentire,
ne manque jamais detre puni par le mépris universelle. — On
ne parvien guerre a amasé de grandes richesse sang faire trois
sacrifices inapprésiable, celüy du repot , selui de lhonneur, et
seluy de la reputation. — La fortune des riche, la gloire des
hérant, la magesté des roix, tout finie par si gist.... 44
— Verbe Imputer.

191e. EX. — La modéracion dans les plésir nes pas toujour une vertue ; telle home est an reputation de sajesse, qui na que du flaigme et de linsansibilitée. — Si tu veut corrigé les autre, il faux comancer par té corigé toi mesme. — Des paines a soufrire, des bien quils faqt lesser : telle est linventaire exacte de la vie ; et la pouciere en poucière est le terme de toute les grandeures de la terre. 54 — Verbe Incidenter.

192e. EX. — Veu tu naître jamais contrariée et réusir dans tes projet ? fait tes affair toi mesme. — La jeunaisse sans expérlance, attiré par une lueure tronpeuse, ce précipitte sur une foulle de maux. — Les années instruise lhomme, ils ce détronpe en viélissant, mais desqu'il a trouvée lard de vivre, les porte de la mort souvre. — La sautise veux toujour parlé, et na jamais rien a dire ; voila pourquoi elle est tracacière. — Un seul example produi plus d'effait que sent volume d'exortation ou de menasse. 63 — Verbe Inciter.

193e. EX. — La bienfaisanse est une spurse don les eau filtre et se perde sens utilitée l'orsquon n'en dirige pas le cours ; il faut lui ouvrire des canots. — Il est des ségret qu'on ne doie confié qu'aprais avoir mérités lestime de ceux a qui on oze les révellé. — La jeunaisse inexpérimanté croie pouvoire ce suffir a elle mesme. — Mais, ignorente comme elle l'ait, sujet a mil bésoin. environné de dangé, que deviendrait-elle, privé de nos conseille et de nos secour ? 61 — Verbe Innocenter.

194e. EX. — Pour bien gouté le bonneheure, il faut avoir étée mal heureu. — La nature, avare de ces prodije, ne done que de loin en loin de grants homme a la terre ; nous devont donc honoré et respectée a jamait ceux don les action sélebre son concigné dans lhistoire, où ceux dont nous avons nous mesme le bonheure d'admiré les vertu éclatente. — La cupiditée rant lhome malheureus, en lui randant insupportable les privation qu'il andure. 53 — Verbe Inquiéter.

195e. EX. — Quant ont veux devenire philosofe, il ne faux pas ce rebuté des premieres découverte afflijante quon fait dans la connaissance des homme ; il faux, pour les connaître, triomfé du méconlantemant qu'ils donne, comme lanatomiste triomfe de la nature, de ses organe et de son degoust, pour devenire habille dans son art. 35 — Verbe Insister.

196e. EX. — Ceux qui dise ce qu'ils faux taire, taise ordinairemant ce qu'ils faux dire. — Il en est de ladmiration comme de la flamme, qui diminut des quelle sesse d'ogmenté. — Partout ou je trouve l'envi, je me faix un plaisire de la désespérée ; je lous toujour devent un anvieux ceux qui le fond palire. — La vie est un journale sur lequelle on ne dois inscrir que de bonnes action. 37 — Verbe Inspecter.

197e. EX. — Les vérité quon aimes le moin a antandre son

selle qu'on à le plus dintérait a savoir. — Ramplacé la perte d'un aventage ou dun agrément par laquisition dune vertué. — On paye chère le soire les foli du matin. — La tanpéranse est un arbre qui à pour rassines le contantemant de peut, et pour fruit le calme, la paix et la santé. 39 — Verbe Interpréter.

198e. EX. — Il i a deux chose qui perde les hommes : se son labondanse des richesse et labondance des parolle. — Informes toi du voisin avant de prandre maison, et du compagnon avant de faire routte. — Si lon ne voulais qu'etre heureux, cela serais bientop fait ; mes ont veud estre plus heureu que les autre, et sela est presque toujour difficile, parseque nous croiont lesautre plus heureux quils ne le sont réellemant. 38 — V. Inventer.

199e. EX. — Ceux qui ne donne que leur parolle pour garand dune assersion qui resoit sa force de ses preuves, ressamble a cette homme qui disait : Jai l'onneur de vous assuré que la terre tourne autoure du soleille. — Les méchant font quelquefois de bonnes actions ; on dirais qu'ils veule éprouvé sil est vray que cela face autant de plésir que le pretande les honnetes gens. 37 — Verbe Maltraiter.

200e. EX. — Trois choses ne se connaisse qu'en trois occasion : le courage a la guère, la sajesse au moment de la colere, l'amitié dans ladversitée. — Plus on est élevée, plus on doit creindre : les riches son toujour plus exposé que les peauvres ; et la foudre, en tombant, frappes les plus haute montagne. — S'est bien a tord que les personnes qui oblige, seulement pour leurs intérait, démande qu'on leurs en aient aubligation. 34 — Verbe Manifester.

201e. EX. — Le sos se reconaid a six attribu : il se fache sens motif, il parle sens utilitée, il ce fit sens connaistre, il change sans réson, il intéroge sur ce qui lui et étrange ; anfin il ne sait pas distingué son amy de son enemy. — Une seul journé d'un sage vaux mieux que toute la vie d'un sos. — Un bon livre est le mélieure des amis. — Les plus autes dignitée ne son que de baux piedestaut, ou lon ne doit paraistre que fort pétit quand on ne si est pas élevée par sa propre vertue. 51 — V. Numéroter.

202e. EX. — Le plus belle éritage quun pere puisse laissé à ces enfans, éritage milles fois préférable aus plus riches patrimoine, s'est la gloire de ces vertus et de ces beles action. — Lorfelin n'est pas celui qui à perdue son pere, s'est celuy qui na ny sciance ny bonne éducation. — Une chose injuste ne saurait estre ny avantageuse ny util. 34 — Verbe Plaisanter.

203e. EX. — Quant mesme limmortalitée de lâme seraient une chymere, je serait fasché de ne pas croire que mon amé soit immortel ; et, en cela, j'avous que je ne suit pas aussy umble que les athé. — J'ignore commant il panse ; pour moi, je ne veut pas troqué lidé de mon immortalitée contre selle de la béatitude d'un jour. 34 — Verbe Planter.

204ᵉ. EX. — Je suit charmée de me croire immortellé cóme Dieu mesme ; indépandammant des idé révellé, selles que jay dun Dieu vengeur et rémunerateur me donne uné très-forte espérense de mon bonheur éternelle : cet espérence me soutien, et je ne voudrait pas y renoncé. — Nest-il pas vray de dire que lamour propre est le plus grand de tout les flateur ! — La vertu est lhabitude des bonnes action, le visse est celle des mauvaise. — Une action et bonne où mauvaisé, selon quelle est où non conformes aux loix de Diéu. 51 — Verbe Protester.

205ᵉ. EX. — Lintairèt parle toutes sortes de langues et joue toute sorte de personnages, même celui de désintairessé. — Le caprisse de nôtre humeure et plus bizare que celui de la fortune : — La sinsérité est une ouverture de cœur, ont la trouvent en fort-peu de gens ; et celle que l'on voit dordinère nest qu'une fines dissimulation pour attiré la confiances des autre. 29 — Verbe Racheter.

206ᵉ. EX. — Si nous naviont pas dorgueille, nous ne nous plindriont pas de la vanitée d'autruie. — Ce que les homme sont convenu dappelé amitiée, nest qu'une sossiété, un ménagemant resiproque dintéraits, un échange de bons ollisse ; ce nest anfin qu'un commerse ou nôtre amour propre ce propose toujours quelque chose a gagné. 38 — Verbe Rapporter.

207ᵉ. EX. — Quand on n'a rien a faire, on cherche à passe son temps a des lecture qui amuse, et se sont ordinairement de movais livre qu'on aime à lire. Qu'il est subtil ! qu'il est funeste le poisons qu'on y respirent ! ce poison mortelle se trouve dans ses istoires licensieuse et passionés dont le monde est ramplis ; dans cette multitudes presque innonbrable de livres infame dictées par le démon et écrit par ces supôts.... ; dans ées soursès inpure dou découle des torrans d'iniquitée qui vond infecté les region et les ciécles les plus eloigné, et porte le scandal par tout ! 54 — Verbe Réciter.

208ᵉ. EX. — Que de péchés ocasioné par les movaise lecture ! péché presque toujour mortelles, péchés plus grieffés a proportion de la duré de ses lecture et du nonbre de persone qu'elles infecte, a proporcion des obget dont on nourie son immaginacion ; péché réitterés toute les fois quon les relie, que l'on en repace le souvenir dans sa mémoire, que lon an parle, qu'on les prêtent ; scandalles réiterés à chaque personne ; péchés perceverant et abituelles : c'est un poison qu'on conserve ché soi ; on le respirent, on le fais respirer à mil autre. 60 — Verbe Récolter.

209ᵉ. EX. — La lecture des movais livre et la source est le praincippe d'une infinitée de péché, propagée à l'infinie : si on ne brulle pas ces livres, on transmet ce poison mortelle aux generacion futur, a ses enfans, à ces amis, à tout ceux entre les mains de qui il tonberons.... Que de crime sorti de la plume d'un seulle oteur ! Et il y en à tant de ses malheureux ajent de l'anfer ! Le venain pestilencielle qui sord de leurs infammes production se repend avec une rapiditée étonante, et produits les effet les plus funeste. 52 — Verbe Redouter.

210e. EX. — Dite-moi, chers enfens, si on vous présenté un vere de poison, auseriez-vous en aproché vos laivre ? Eh bien ! ci vous lizez seullément une paje de se movais livre, vous alez y boir le poison et la mort, la mort de lames, la mort éternele ! Et si vous le praitez, vous comuniqué la mort, vous la fete passer de min en mein parmis vos compagnon et vos parans. Ah ! prenez dont garde, ne buvé pas dans ses sourse anpoisonés. 50 — Verbe Remporter.

211e. EX. — Amis de la reson et du bon sans, gardez-vous des movais livre ; la vertu y est toujours sacrifié sur l'otel des passion ! Enfans chéri, gardez-vous des mauvais livre ; les seleras qui les ont écris en veule à votre inocense ! Enfans pieus, gardez-vous de ces ouvrage ordurier et plain de salletées ; le venin qu'il contienne s'emparerais de votre ame et la couvrirais d'oprobre ! Vous tout, qui que vous soyé, gardez-vous des movai livre ; ils sont flettries et reprouvé par les meurs qu'il détruise ; et par la religion qu'il désonore. 53 — V. Répéter.

212e. EX. — Un bon livre et un précieu tresore qui ne coutent guère, et qui vodrait bien certenes emplettes de vanitée.... Ocuppez-vous a faire quelleque bones leoture ; édifiez vos compagnons, vos parens, vos amis., en leur comunicant cette aliman spirituelle, soit en lisant devant eu, soit en leurs faisans part de vos reflection. Ah ! que ses moment serait utillement et saintemant amployé ! Ayé otant de gous pour la lecture des bons livres que les impis en ont pour cele des mauvais.... Ils se donne la mort, vous vous procureré la vie ! Quel injur ne ferait-on pas à un roy, ci l'ont refusé de lire une letre qu'il orait écrit lui-même pour acorder quelque faveure signalé ! 74 — Verbe Représenter.

213e. EX. — La trèz Sainte Vierge est cette bénie créature qui fu anoncé a nos premier parans pour être leur salu, en detruissent l'enpire du demont par son Fitz : cet la Merre de Dieu, selle qui, aprèz lui, ocuppe le premiez tronne dans l'éternitée ; la raine du siel et de la tere. Marie, dis St-Epiphane, « antré toute les creaturés, et par préféranse a toutes les creatures, merites l'admirasion des Enges et des homes. » Les Saint de tous les ciecles on toujour eue une grande devosion a la trèz Sainte Vierge, il l'on honnoré come leur raine, aimé come leur taudre merre, servi comme leur oguste souvereine. Marie a tout pouvoire au siel ; quant elle veux obtenir des grasses pour ceus qui l'invoque, elle represante a son Fiz quelle a andurée tant de paines pour lui ; le Fiz, a son tours, presante à sou Perré les plaie dond il a été couver pour nous au temp de s Pascion ; a cete atandrissent spetacle, une seinte violance e fête a Dieu memes, et les grasses de misericorde et de salu dé coules sur nous. La trèz Sainte Vierge est devenu notre redenp trisse sur le Calvere ; Jésus-Christ, avent de mourrire, nous la donné pour merre, et elle a pour nous la tandresse de la mellieure des merres ; ausi est elle apellée la merre des miseri-corde et le reffuge des pécheur. 155 — Verbe Résister.

214e. EX. — Rien net plus aventageus a un anfent que de se maître sous la protession de la très Seinte Vierge ; des sa jeunese ; cet par ce moien que Sain Fransois de Sales, Ste-Thérèse, et tent dautres Saints, on obtenus des grasses particulieres, et son parvenu a une hôte perfetion. St-Antonin et St-Anselme asurent qu'il est inouie qu'on aie invoqués la trez Sainte Vierge sen etre secourut, et qu'ocun de ces veritables serviteures ai perit. — Lui être devau, dis St-Jean Damascène, est une marques de predestinacion. — Ne passés dont ocun jour sen lui dire quelque priere et pratiquez quelque mortifiquation a son honeur : cet le vraie moien datirez baucout de graces et de lavoir pour protetrisse dans tous vos besoin, mais surtout a l'eure de votre mors. Noubliez pas que la vrai devocion a la très Sainte Vierge conciste a imitez ses vertues, a fuire le péché, et tout ce qui deplait a Dieu, surtout le vice imfame de l'inpureteé. 106 — Verbe Respecter.

215e. EX. — La trez Sainte Vierge est l'image la plus parfeteé de la Divinitée ; elle est le chefe d'euvre des maint du Tout-Puissant : preservé du péché originelle dans sa conseption, elle fu enrichi de grasses si eccellantes que des lors elle surpasait en saintetée les plus grand Saints au momant de leur mors, et elle a toujours été en croisent jusqu'a sa mors : elle a toûjour fais valoire dans sa plus grende étandu ce fons prodigieus de grasses que Dieu lui confiât des le premiez instent de son existance ; elle néus jamais de graces ni de secour quelle ne fis valoir dans toute sa perfecion, et dont elle ne tirra tout le fruit quil etax capable de produire. D'aprez cella, seront nous étonés que les Saints Perres, parlent de la grasse dont Marie fut comblé aprez soixente-trois an dune pareile vie, ce servent de terme si energiques. St-Epiphane dit que cete grace fus immance ; St-Augustin quelle fû inefable ; Denis-le-Chartreux quelle est infini ; St-Jerome dis que la grace a été versé en elle sen mesurre ; St-Bernardin asure quelle en a ressue autent que l'ôteur de la grace en peux acorder a une purre creature. 111 — V. Ressusciter.

216e. EX. — Chaques jour, chaque instens est un presant de la main de Dieu ; n'est-il pas bien juste qu'il c'en rezerve ô moins quelques un pour lonorer d'une maniaire particulier ? Il est vraie que nous devont lonorer les jours ouvrier en lui offrans nos traveaux ; mais, héla ! combien on loublit dans le tourbilion des affaire journaliaire ! A peine donneton quelques instant à la prières. Il fot don qu'il y ait un jour de repot qui, en nous dégagant de la dicipassion temporel, nous laissent le temp de nous ocuper de Dieu et de nos afaires éternels : jour consacrée à lui payer le tribu de nos omages et de notre reconaissances ; jour qui nous dégage de la terre en éllevant toutes nos pensée vers le siel. 66 — Verbe Révolter.

217e. EX. — Le pressepte nous dis : Sanctifiez le jour.... Se nest don pas cimplemant un card d'heur, mais le jour pri dans son étandu moral, la mageure partie ; il faux sanctifié le matain par lacisiance a la Scinte Messe, et le soir en se randans très-acidue à tout les Olices. Eh quoi ! sure cepts jours que le Seigneur nous acordes, il ne c'en reserve qun ! Ne seret-se pas retrenché énormément de ses droit, que de ne lui consacré qune heur et peut aitre une demie heur dans un jour qu'il c'est entièrement reservée ! Un jour sur cepts, et encore seullemant la vainte quatriemmes parties de se jour ! Si l'on ne vous donnaient qun hécu sur vinte quatres quon vous devraient, seriez-vous comptant ? 93 — Verbe Sangloter.

218e. EX. — Pour centifié le dimanches, il fot êtres acidus aux instrucions : ceux qui ne sons pas sufisament instruis sont obligé de droit naturelle et divain d'y assisté, puisqon ne peud être sové en restant volontèrement dans un ignorénce grocière de ces devoir et des prinsipes de la Religion. Hélas ! conbien d'ygnorens, jusques dans les hages le plus avancé, jusques parmis les savant du ciecle, qui ne save pas mêmes les premiers helémans de la Religion ! Que deviendré-vous, mais anfans, quel vie maiñerez-vous dans la suitte, si vous ne proffittez pas de votre geunece pour vous instruire ? Vous vivrez côme des animots sans réson, quel honte pour vous ! 78 — V. Sauter.

219e. EX. — Ceux qui violle la sainteté du jours de dimenche par des travots deffendues, sont très criminel ; ils atire la maledixion divine sur eus et sur leur famillie ; ils scandallise le prochin, et se desonorent aux yeus des gens de bien. — Dieu diset aux Juiffes : Si vous sanctifié mon jour de repot, je bénirai vos travos, vos récoltes seront abondentes, vous jouiré d'une perpetuel felicitée, vos enemis fuirons devans vous ; en un mot, tous réuciras selons vos désirs ; mais si vous le viollez, vous seré modis sur la tere, qui ne seras pour vous qu'un lieux de maleurs et de calamitées ; la malady, la famine, la povreté, l'exille, la mort.... serons votre partages... Coment caracterise le crimme d'une myserable créatur qui ause méprisé les ordonances les plus exprèces de son Dieu ? 89 — Verbe Scruter.

220e. EX. — Quesque l'ame ? grande quextions que les libertains font avec plésir, que les résoneurs sons bien enbarassé de resoudre, et à laquel il ni à qune réson droitte et la Religion qui nous puisse mettre en étas de repondre. — L'ame est une substense spirituel et imortel, laquel est dans l'home le prainsipe de toutes ces pansée, conaissanse et santiment ; car se qui panse dans nous, se qui meditte, calcul, compares, reffléchie, ce qui est cappable d'une ci grande varietée de sentimans et de

conessances, ne peux être mattiaire, il doit êtres d'une natur
bien diferante de la mattiaire, et ne peut être que spirituel. 86
— Verbe Sculpter.

221e. EX. — La mattiaire ne peux ni pansé, ni vouloir, notre
ame panses et veux, donc elle n'ait pas mattiaire; si elle n'es
pas mattière, elle est spirituel; si elle est spirituele, elle est
indivisible; si elle est indivisible, elle est indestructible ou
imortele; si elle est imortele, ainsi que la Fois et la réson nous
laprenne, quelle soin ne devons-nous pas avoir de la concervé
dans linocense et la saintetée, au dépent de tous se que nous
pourions avoire de plus chere en se monde? 47 — V. Solliciter.

222e. EX. — Je doit ressussité un jour, ou dans la gloire, ou
dans l'auprobre, où pour le ciele, ou pour lenfer! il foi dont
que je vive côme je voudrais ressucité: Si je vit et si je meure dans
le pécher, mon ame reprouvé viendras reprendre un corps afreus
couver d'orreure et dignomini! Si, o contrère, je vis et je
meur dans l'inocense, mon ame viendra reprendre un corps de
gloire revetue de la splandeur des Saints! Vivons donc et mourons dans cette heureuse étas, pour pouvoir parêtre avec con-
fiense devant le juge des vivant et des mort... Tel vie, tele
mort! 59 — Verbe Souhaiter.

223e. EX. — Celui qui amasse injustement des richesses, en
ce plaignant sa propres vie, les amufasses pour d'autres, qui
les dissiperont en déboches. — A qui sera bon celui qui est
mauvai pour soi-même, est qui ne joui en aucune sorte de son
bien? — Rien n'est pires que celui qui s'acorde avec regrait la
propre subsistense, et cete disposicion même est pleine de malisse; s'il fais du bien à quelqu'un, c'est sans y panser et mal-
grés lui assé souvent. 25 — Verbe Subsister.

224e. EX. — Souvenez-vous que la mor ne tardera point,
et que l'arét qui vous condamne au tombaus es prononsée. —
Faité du bien à votre prochaint avant la mort, et donez l'au-
monne au pauvres selon votre pouvoire. — Ne vous privez pas
par un excé d'avarise de se qui vous est nécessaire chaque jonrs;
et ne laissez point inutille la moindre parti du bien que Dieu
vous donne. — Doné et vous recevré, et vous sanctifierez votre
âme. 26 — Verbe Supplanter.

225e. EX. — Celui qui creint Dieu fera le bien, et celui qui
cherche la justisse la trouvra; elle viendra aux devent de lui
comme une mere plaine de tendraisse; elle le nourira du pin de
vit et d'ainteligeanse, et lui fera boirre l'eau de la sagesse qui
done le salus; elle le randra ferme et inébrenllable, elle lui
amuassera un trésort de joi et d'alégraisse, et lui donera un
non éternele! 33 — V. Supporter.

226e. EX. — Les ainsanses ne trouvront point la sagece, ils
ne la veront point, parse qu'elle ce liend éloigne de l'orgueille
et de la tromperi. Les manteurs ne panseront pas a elle, mais les

hommes saincere et véritables ce trouvront avec elle , et marcheront heureusemant jusqu'à se qu'ils arivent a la vû de Dieu. 28 — Verbe Supputer.

237e. EX. — Ne dite pas , « Dieu est la cause que je n'aie pas la sagesse » : car s'est a vous a ne pas faire ce qu'ils détestent. — Ne dite point, « C'est lui qui m'a jetée dans l'égarement » : car il n'a pas besoin des méchents , et il ne ce plait pas dans leur désordres , au contraire il a an horeur toute abomination et tout déréglemants , et ceux qui le craigne n'aiment point ses choses. 22 — Verbe Surmonter.

228e EX. — Dieu , dès le comancement , à cré l'homme ; il l'a laissée dans la main de son propre conseille , et il lui à donné ses comandemants. — Si vous voulez , vous garderez ces commendemant et la fidélitée que vous lui devez pour lui aitre agréable. — Il a mis devent vous l'eaux et le feus , afin que vous portie la main du coté que vous voudré. — La vie et la mor , le bien et le mal , sont devant l'homme : se qu'il aura choisis lui sera donée. 31 — Verbe Susciter.

229e. EX. — La sagesse de Dieu est grende ; il est ainvainsible dans sa puissense , et il voit tout les hommes à tous les momants. — Les yeus du Seigneur sont sur ceux qui le craigne , et il conais lui-même toutes les œuvre de l'homme. — Il n'a comandée a personne de faire le male , et il n'a donné a persone la permission de pécher ; car il ne ce plais point a avoire un grand nombre d'enfans infidelles et inutilles. 31 — Verbe Suspecter.

230e EX. — Mon fils , ne melé point de reproches a vos bienfait ; et ne joigne jamais a votre dont des parolles tristes et affligeante. — La dousseure des parolles vaux mieus que le dont mêmes ; mais l'un et l'autre ce trouvent dans l'homme justes. — L'ainsansé fait des reproches aigre , et le dont de l'aindiscret desseche les yeux. — Travaillez à aquérir la justisse avent que de juger, et aprenez avant que de parlé. 36 — Verbe Tinter.

231e. EX. — Que rien ne vous ampeche de prié toujours , et ne cessé point de vous avenser dans la justisse jusqu'à la morts ; parce que la récompanse de Dieu demeur éternellement. — Préparez votre âme avant la prier ; et ne soyez pas comme un homme qui tante Dieu. — Pansez souvant à la collere du dernier jours , et aux temps ou Dieu randra à chacun celon qu'il auras vécus. 28 — Verbe Tourmenter.

232e EX. — Pansez à la pauvretée dans le temp de l'abondence lorsque vous êtes riche ; pansez à l'etas d'aindigeance où vous pouvez tomber. — Du matin aux soire le temps chenge , et tous cela arive an un moment par un efet de la providance de Dieu. — Ne vous laissez point aler à vos mauvais désire , et détournez-vous de votre propre volontée. — Si vous contante

les désir déréglées de votre cœur, vous serez exposée à la risée de
vos ainnemis. 28 — Verbe Traiter.

233ᵉ. EX. — Ne metez point votre joi dans les délisses, et
ne lier point avec d'autres une sociétée de bone chair. — Gardez-vous bien d'amprunté de l'argeant à aintérêt pour donner
des repats, car vous vous oterez ainsi à vous-mêmes les moyen
de vivres. — L'ouvrier sujets au vin ne deviendera jamais
riche ; est celui qui négliges les petite choses, tomberas peu
à peu. 24 — Verbe Transplanter.

234ᵉ. EX. — Celui qui est trot crédulle à l'esprit léger, et il
en souffrira de la perte. — Ne raporlez point une parole ma-
lignes et offansente, et vous n'en souffrirez point de malle. —
Ne parlez ny à votre amis, ni à votre ainnemi, des fautes des
autre ; et ne découvré point se que vous conaissez de vissieux
dans leurs conduite : car celui à qui vous le direz, ce défira de
vous ; et, vous conaissant pour un homme portée à la médi-
sence, il vous haïras. 28 — Verbe Influer.

235ᵉ. EX. — Avez-vous antandue une parole contre votre
prochin ? étouffe la en vous-mêmes, et assurez-vous qu'elle ne
vous fera point de mal. — Reprenez votre ami, et avertissez-le de
se qon l'accuse d'avoire dit, parce que peut-être il ne l'a point
dis ; où, s'ils l'a dit, afin qu'il ne le dises plus. — L'ar de faire
le mal avec addresse, n'est pas sagesse, et la conduite des méchents n'est point prudanse. 22 — Verbe Perpétuer.

236ᵉ. EX. — Un homme qui a peut d'esprit et de lumière,
mais qui à la crainte de Dieu, vaux mieu que celui qui à un
grand sen, et qui violle la loi du Très Aut. — Il y a des geans
qui parle frenchement, et ne dise que la vérilée ; mais il y en
a d'autre qui s'umilient malissieusemant, et don le fon du cœur
est plain de tromperis. 25 — Verbe Restituer.

237ᵉ. EX. — On conaît une persone a la vus, et l'on disserne
à l'aire du visage l'homme sansée. — La manière de s'abiller, le
ri, et la démarche d'un homme, fons conaîtrent se qu'il est. —
Ne vaut-il pas baucoup mieu reprandre un homme, est lui
doner lieux par-la d'avouer sa faute, que de garder sa collere
contre lui ? — Que c'est un grand bien, lorsqu'ont est repri,
de témoigner son répantir ! Puisqu'on évite par-là de se randre
plus coupables, en demeurant vollontairement dans son péchés. 33 — Verbe Eblouir.

238ᵉ. EX. — Il y en à qui, an se taisants, sont reconnu pour
sages, et d'autré qui se rende odieus par leur intempérence a
parler. Il y en à qui ce taisent, parce qu'ils n'ont pas assé
d'esprit pour parler ; et d'autre parce qu'ils disserne quant il
est temps de parller. — L'homme sage ce tiendras jusqu'à un
sertain temps dans le silance ; mais l'homme léger et aimpru-
dant n'observeras point le temps. 27 — Verbe Crépir.

230e. EX. — Celui qui se répend en parole, blesseras son ame. — Une parole sage seras malle reçu de la bouche de l'ainsensée, parce qu'il l'as dite a contre-temps. — L'homme sans conscieance, réussi dans le mal, et se qu'il invante tourne à sa ruine. — Tele trouve sa perte dans sa gloire mêmes, et tele s'élève par son humilliation. — Telle s'abstiens de péché, parce qu'il n'en as pas le moyen, qui en à un désir très-vifs aux dedan de lui-mêmes. 33 — Verbe Flétrir.

240e. EX. — Tele perds son âme par une mauvaise onte, et pour avoir trop d'égart pour les persones. — Le mansonge est dans un homme une tache onteuse, les gens male élevé on toujours le mansonge dans la bouche. — Un volleur vaut mieux qu'un homme qui et dans l'habitude de mantir : la perdition sera le partage de l'une et de l'autres. — La vie des manteurs est une vie sans honeur, est la confusion qu'ils mérite les acompagne toujours. 22 — Verbe Amortir.

241e. EX. — Les présents et les dons aveugle les yeus des juges ; il sont dans leur bouche, comme un mor qui les rand muet et les ampêchent de ce déclaré contre l'injustise. — Mon fils, avez-vous commis quelque péché? n'y retombé plus ; mais priez pour vos fote passé, afin qu'elles vous soit pardonnés. 23 — Verbe Garantir.

242e. EX. — Fuyez le péché comme un serpant, car si vous vous en aproché, il ce saisiras de vous ; ses dens sont des dent de lion qui tut les ames des hommes. — La priere du pauvres s'éleveras dans sa bouche jusqu'aus oreilles de Dieu, et il ce atera de lui faire justise. — Le chemain ou marche les pécheurs est unis est pavée de pieres ; mais il conduit en enfer, au ténebres et aux supplisse. 32 — Verbe Retentir.

QUATRIÈME PARTIE.

Sur les Participes.

243e. EXERCICE. — Les lois sont faite pour le plus grand avantage de tout ; il faut donc obéire aux loi qu'on a établi. — La nassion qui n'est assujéti à aucune lois, est condamné à vivre trais-malheureuse. C'est l'absance des loix qui à toujour produi l'anarchi, mil fois plus cruel que le despotisme. — O ! que j'envi le sord de ceux qui, examts d'affaires public, et loins des cité bruientes, passe leur vie dans les campagne qu'ils on hérité de leurs ancêtre. — Verbe Etre Reçu.

244e. EX. — Il est à désiré que les honnête gens ne ce sépare plus, et qu'ils tache de dessiler les yeux des hommes que la forse des circonstences a égaré. — La meileure manière de se vanger d'un injure, c'est de ne pas imiter celui qui l'a fait. — De tous temps, les despote, ainnemis nés des talens, ce son entouré d'homme assez corompü pour se vandre, où asez sot pour ne pas s'apercevoire des atrocitté de ceux auxquel ils était ataché. — Verbe Etre Rendu.

245e. EX. — L'homme qui est si vein est sur le poin de randre à la natures sa propre poucière, qu'elle ne lui à prête que pour un heure. — Les bones œuvres que nous aurons fait ne seron jamais perdu pour nous. — L'instrution public, qu'on avait tent négligé jusqu'à présant, peu seul opéré la réforme des mœurs, qu'une liçance excesive à corompu. — V. Etre Haï.

246e. EX. — Les jeunes-gen doive faire en sorte que les étude qu'ils ont fait, et les instrutions qu'ils ont reçu, se répendent sur leur mœur. — Qu'elle paine ne ressant pas intérieuremant celui que sa conçiance acuse ! Rien ne peut supléer a la joi que les remors ont ôté — Les bienfaits que nous avons reçu de quelqu'un, veule que nous excusions les mauvais procédé qu'il à eu quelquefoi a nôtre égart. — Verbe Etre Trompé.

247e. EX. — L'expériause est une école où les leçons coûte chères ; heureux celui qui les a pratiqué ou qui les pratique ! — Quànt un ami nous à tronpé, on ne doit que de l'indifféranse aux marquè extérieures de son amitiée ; mais on doit toujour être sansibles aux malheurs qu'il éprouvè où qu'il a éprouvé. — La vraie philosophi, celle que j'ai adopté, n'est pas conforme à la philosophie des Platon et des Xénocrate. — Verbe Etre Ecouté.

248e. EX. — Aristide était un citoyen dont la justisse et la douceur était admiré de tout le monde ; cepandent il fût condamné à l'exille par ces compatriotes, qui ne pouvait souffrir qu'il exista un homme plus juste qu'eux. Le vertueu Aristide ne pût détourné la basse jallousique son mérite personelle avait excité contre lui , tant il est vraye que plus on a de qualitées essantielles , plus on a d'envieux ! — Verbe Languir.

249e. EX. — Je ne saurais aprouver la conduite que se jeune homme a tenu dans une sirconstence ou il aurai, au contraire, du se faire bâucoup d'honneur — Combien d'ouvrage de mauvais goût inonde aujourd'hui la républic des letres ! Tant s'en faut que je les ai lu , qu'au contraire je les ai éloigné de ma maison. La justise et lhûmânité , dont nous faisons tant de cas, ont toujours été honoré par les nations les moins polie. V. Dormir.

250o. EX. — Les peuples eux-même que l'on a regardé comme sauvage , ont admirés et estimés les hommes juste , tempérant et désinteressés ; tant il est vrai que le désinteressemant, la tampérence et l'équitée mérite tout ces homages ! — Vous voyé des maleureu que j'ai reçu ché moi ; ils ne savait de qui imploré la pitiée , je les ai acueilli et secouru avec les meileurs intantions. — Verbe Aller.

251e. EX. — Que de gens , mêmes létrés , pèche contre la raigle des partissipe , parce qu'ils ne l'on jamai conu ni étudié ! La gramaire que j'ai doné au publique leurs facilitera l'inteligance de cete même regle. — Je me suis acoutumés depuit lontemps à écrire les difficultée que j'ai rencontré ; c'est pourquoi je les ai toujour venou quand elles ce sont présanté. V. Sortir.

252e. EX. — Lisez souvant , mon ami , les bons ouvrage que je vous ai procuré ; je sail que vous les avez seulemant parcouru, se qui ne suffisaient pas. — La vraie philosophie tant à formé l'esprit est le cœur ; ceux qui l'ont étudié avec le desire de devenir meileure, on trouvée des charmes réeles dans l'étude qu'elle exige. — Verbe Partir.

253e. EX. — Se jeune home n'a pas rempli les devoirs qu'on lui avait prescrit, j'ignor qu'elle est la vrai cause de se menqué de soin ; je ne sait qu'elle excuce il poura aporter pour légitimé en quelque sorte son inexatitude ; mais je le prévient que je ne le recevrez plus , s'il persévaire dans la conduite qu'il a tenu jusqu'ici. — Verbe Rester.

254e. EX. — L'intérait que nous prenons aux temps qui nous ont précédé, et à ceux qui nous suivront , ne provien que de l'atachemant que nous avons a la vie. — On avou les tors qu'on a eu , et l'on nit ceux qu'on à ; de même on racompte les maux qu'on a souffert, et l'on cache ceux que l'on souffre. Vous ne connaissez pas bien la tolérence , cette vertue est très bele; mais chacun l'a défiguré où male défini jusqu'a se jours. — V. Passer.

255e. EX. — Que de belles action ont nous a racanté ! Que de trais sublime on a consigné dans les an'alles de la vertue, depuis que la révolution s'est opéré ! Mais aussi que d'horeurs, que de scènes senglante ne seront jamais oublié, puisque des istoriens véridics les ont recueilli ! — Verbe Devenir.

256e. EX. — Vous ignorez les régles que je vous ai enseigné, parce que vous n'avez pas jugés à propos d'écouter l'explication que j'en ai doné. — Vous n'avez pas lus, mes amis, la gramaire que vous avez acheté; cepandent je ne vous ai conseillé d'en faire l'aquisition, que pour vous metre à porté de faire une ex-celente provision de connaissances grammaticalles. - V. Survenir.

257e. EX. — Chérissez vos parens, qui vous ont prodigué milles-bienfeits; et aimez votre patrie que les bons citoyen on toujours servi et serviront toujours. — Les absences qu'a faites cette écolier n'on pas peut contribué à lui inspirer le dégoû du travaile; faut-il être surpris, d'après cela, qu'il pa-raisse s'éloigné de plus an plus de l'etude qu'il n'a d'ailleur jamais aimé? — Verbe Revenir.

258e. EX. — Suivez, mes amis, les bon couseiles que votre mère vous a donné; elle ne veux que votre bien, vous ne vous repantiré pas de lui avoir obéi. — Que de gens ce rapelent trot les injustice qu'on leur a fait ! Cependent il est doux et glorieu de pardoné les offanses qu'on a reçu. — Verbe Parvenir.

259e. EX. — Les prix que se jeune-homme à obtenu ont flattés son amour-propre; j'approuves la résolution bien sain-cère qu'ils parait avoire formé, de redoubler d'ardeure pour obtenire de nouveles récompences a la fin de cete année. — Pourquoi ignorez-vous, mon ami, les regle gramaticalles qu'on vous à enseigné si souvant? C'est que vous ne les avez jamais bien compris. Il y a sens doute de très-bon gramairient, mais vous ne les avez jamais consulté. — Verbe Intervenir.

260e. EX. — Qui peut ignoré combien il est doux et glorieu de secourir l'inocance et la vertue que l'on à injustement oprimé? Que d'éloge ne sont pas dues aux personnes qui se sont toujours imposés l'obligation bien dousse de protégé le mérite indijant ! Je me flatte que votre ami, dont la probité m'ait connu, ne trahira pas la confience que j'ai placé en lui. — Verbe S'Appliquer.

261e. EX. — Les heures que vous avez perdu ne pourons jamais être réparé, parce que le temps passé ne ce répare jamais; il est dont de votre intérait, si vous voulez acquérir des connaissence préticuse, de profiter des momeñt qui vous sont acordé, tant pour orné votre esprit que pour formé votre cœur à la vertue. — Verbe Se Décourager.

262e. EX. — Bien loins de conaître votre saintaxe, dont les reglé sont développé dans la grammair que je vous ai donné, vous ignorez mêmes l'ortografe qu'on vous à enseigné des votre bas âge. — J'ignore queles raisons ont ampêchée ces jeunes-gens de ramplir les devoirs très-facille qu'on leurs avaient donné à faire. S'ils continue, ils ne soutiendcront pas l'opinions aventageuse que nous avions conçu d'eux. — V. S'Encourager.

263e. EX. — Les siences qu'on a enseigné à vôtre ami lui seron toujours nécessaires dans quelle que position qu'il ce trouve. — Il est rare qu'une découverte neuve et importente n'ocupe pas entièremant celui qui l'a proposé le premier. — Les connaissence astronômiques des Indiens leurs ont été aporté du nord, et ils les ont reçu tels qu'ils les ont conservé. - V. S'Attrister.

264e. EX. — Jésus ayant pris du vinègre étant en Chroix, dit : Tout est consommé, l'Holocauste est consumé dans le feu de mon amour et de mes souffrance. Les volontés de mon Père sont exécutés. L'Evangille et annoncée. Les Prophétis sont dérifiés. La rançon des hommes est payées. Les captif sont délivrées. Les Sacremens sont institués. Les démons sont surmontées. Le monde est réparée. Je n'ai plus rien a dire ni à souffrir. Il ne tiendrat plus qu'aux homme de bien vivrent est de ce sauvé. — Verbe Se Réjouir.

265e. EX. — Tout et consomée, dirontles pecheur à la mord. Nos plaisires sont passées ; nos divertissemant sont finies ; nos baus jour se sont eclipsées ; nos espérence ce sont évanoui ; notre temps c'est écoullée, notre vie et achevé ; notre malisse et consommés et arivée a sa fain. — Il faut commencer à souffrirent un male qui ne finira jamais. — Il faut commancer une misère dont nous ne veront pas la fain, et enduré des maus innexprimables pendent toutes l'éternitée. — Verbe Souffrir.

266e. EX. — Tout et consommée, diront aussi es gens de bien à la mord : tous nos meaux son passées ; toutes nos soufrence son terminées ; tous nos conrbats sont finies ; nos troubles sont calmées et dissipées ; toutes nos douleures sont appaisés ; nos infirmités guéris ; toutes nos larmes sont essuyés ; toutes nos misères son terminés est consommés. Il n'y a plus pour nous ni de crois à porter, ni de male à andurer, ni de péchés a éviter, de penitance a faire. Nous allons an un lieux de pais et de repot, ou notre joi ne finira jamais, et notre bonneur sera parfait. — Verbe S'Animer.

267e. EX. — Choisissez, mes cheres enfant, l'une de ses deux consommations. Il faut nécessairement dire un jour : Tout et consommée. Le diré-vous comme l'a dis Lazarre? Le diré-vous comme l'a dit le mauvais riches? Le direz-vous comme Jésus? Le diré-vous comme Pillatte? Quant se temps sera venue, vous trouveré que tout ce que vous avés aimez dans le monde avec tant de passion, n'est que tronperis et vanitée. - V. S'Abaisser.

268e. EX. — Les connaissance que vous avez déjàs puisé au milieux de nous, et que vous acquiérez tous les jours, en nous écoutant, doive être regardé comme le plus belle héritage que vos parans vous transmeteront. — Le travail et l'étude pourons seul vous procurer, mon amis, les connaissance dont vous avez besoin. — Verbe S'Elever.

269e. EX. — Les conseil que je vous ai donné en vous invitent à étudier les diverses parti d'instruction auxquels vous êtes étrenger, ne peuve qu'être approuvé de tout le monde; vous ne vous repantirez donc pas de les avoir suivi, lorsque, par votre applicassion, vous orez mériter d'en recueilir les fruit. — Verbe S'Assurer.

270e. EX. — Il n'est pas moin glorieu que flateur d'employé aux soulagemen de l'humanité les richeses qu'on à anmassé à la sueure de son froud. — Nous ne pouvons qu'admirer les vertues sublime que se grand homme a déployé dans toutes les circoustence de sa vie. — Verbe Se Sauver.

271e. EX. — Vou devez aimé Dieu de tou vôtre cœure; vous en avé uns précept qui vous i obliges sou paine de danacion, et c'es tuniq fain poure laquele vous êtes an se monde. Le soleile na été créée que poure nous éclairé de ça lumiaire, la taire ne subsistent que poure nôtre nouriture. — Verbe Se Damner.

272e. EX. — Il n'y a pas de gens dans le monde que j'aye plus méprisé, que les petit baux esprits, qui presque tous on plus de prétantios que de jugemants. — Toutes les lumière que le metre du monde à réparti dans la natur, disparessent pour le philosophes qui refuse de croire an Dieu. — V. Se Louer.

273e. EX. — Les siances que mes fils ce sont plus à cultivé son préférables aux richesse. — Les mauvaises nouvcles ce sont toujours répendu plus promptemant que les bone. — Il ne saût jamais passer d'une chose a la suiventes, sans avoire bien compris cele qui précède, et sans ce l'être rendu famillière. — Verbe Se Plaindre.

274e. EX. — Que de gens ce sond repanti de ne c'être pas apliqué paudant leur jeunaisses! — Je suit bien aise, mes amii, que vous ayez profité des instruction quont vous à donné; la sciance vous à fait des jeunes-gents estimable. — Cete mère indigente que nous avons pleints, n'était pas digne de la commisération que ces enfans nous ont ainspirés. — V. S'Habituer.

275e. EX. — Pourquoi vous aites-vous éqartés, mes aufan, des bon praincipés que vous avié comencé de suivrent? — Vos jeunes frère ce son proposé pour des modèles de sagesse; mais je pause qu'ont trouverais tro à blamere an eux, pour qu'on dut les prandres pour guide. — Verbe S'Innocenter.

276e. EX. — Il n'y à rien de ci ainportans, rien qui nous aintérresse d'aventage que notre salu, et rien sependend de quoi la plupard des gents soccuppent moin. Tout est afair dans le monde: négôce, enploi, industri, divertisseman, et mêmes oisivetée; les jours ne son pas assés long, la vie et tropt courte pour fournire a tout se qu'ont appelle affaire, tout mérite nos soin : il n'y a que le salus seulé qui soit univérselemant négligée. — Verbe Se Disculper.

(58)

277e. EX. — Le sallut et propremant notre afairre persocnele, toute les autre nous sont étrangère. Se sont, si vous roullé, les affaires de l'état, du royome, du barreaux, du négauce, de votre familles, les affaires de vos enfens, de vos ami; mais ce n'est pas la votre; est ci, aux sortir de se monde, vous avé tout fais hors votre salut, vous avé fait les affairres d'autruit, et vous avéé manquée la votre. — V. S'Orienter.

278e. EX. — Nom-seullemant le salud et notre affairre personelle, c'est notre unic affair; a propremant parlé, nous n'avons d'auttre affairre que cele-si. Une home povre, dénuée, abandoné, dans l'oublie est d'en lobscuritée, s'ils ce sauves, et a couverd pour toutes l'éternitée, et n'as besoin de rien. O contraire, si huu omme riche, eureus, ce dannes, il et malheureu pour toujoures. — Verbe S'Acclimater.

279e. EX. — Regardon-nous nautre sallue comme nôtre afaire, caumme nautre grandes est praincipalle affaires, come notre sœullé affaire? quel rang tient-ele dant notre ceure? répondons-nous a nous mêmes. Gents de plaisire, gents daffairres, raipondés a se que vautre conssience vous demende issi, et a quoi elles répont? Avons-nous quelque chause qui nous touche de plus prais que le salus? est-ils le praincippe de tout? et il a la taille de toute nos affaires? c'est sa plasse. — V. S'Accorder.

280e. EX. — Ile n'est poind d'assignalions plus personele que celle de la mort. Nous croyons assé que nous mourons, nous le disons souvant, il faudrat mourire, celui-si et mord, celuy-là est mort; mais qu'il arive peut, en nous appliquand cele véritée, je mourais, c'est-à-dire, je quiterais mais aufi, mes plaisires, mes richeses, ce monde, et tout se que j'y paussaide; mon corp sera portée en tere pour y aitre manchée des vères et réduis an poussiairre. Mon âme paraîtras devant Dieu à l'ainstent qu'elle ce sépareras de mon corps, pour être examinée et jugée suivant ses œuvres. — V. Sé Supporter.

281e. EX. — Quelle afreus sepectacle, quel affligente scenne pour une ame, aux moment qu'elle ce sépares de son corps, de voire tous ces péchés; car Dieu nous fera randre conpte de tous le malle que nous aurrona fais, de tout le bien que nous aurront négligée de faire, de tous les péchés de pensées, de parole, d'action, d'omission, etc.; de toutes les fotes que nous aurront commise; de celles que nous orons fait commetres aus autres; de celes que nous n'auront pas enpêchez; de celles que nous aurons conseillés, comandées, aprouvez.... Et si Dieu nous trouvent coupables à la mort, il nous dira : Retirez-vous de moy, allés au feu éternelle aveque les démond et tous les réprouvé. — Verbe S'Impatienter.

282e. EX. — Lanfere et un lieux située dans le sentre de la taire; c'est une afreuse et éteinele prison, où la justisse de

Dieu fait éclatter sa vangence sur les réprouvées; c'est une aurrible fournaise, un étang de feu, l'empir du démon, le séjour de la mort. On y vois que du feu, on y touche que du feu, on y respir et avalle que du feu est du soufre, on y vois que des maus infinie : au-dessu, au-dessou, à droite, a gauche, au dedan, au dehors, on y voit rien qui n'ailles à tourmantere les réprouvé. — Verbe S'Excuser.

283e. EX. — Le Paradis est la maison de Dieu est le royomé de Jésus-Christ; s'est lé pâlait de sa gloirre, le tanple de sa seintelée, le trônne de ces grandeures est de sa magnyfissanc Le Paradis et la tere des vivant, le centre de nòtre repot, le termes de tous les mouvement de notre chœure, la fain de nos misaires. Le Paradis et laucéan de tout les bien, sau mélanges daucun male; c'et le thrésore de toutes les richesse, sen crainte de la povreté; c'est la sources de tout les plaisires, sans aucun sentimant de douleure. — Verbe S'Exempter.

284e. EX. — Le Siel est le conble de toutes les consollation, sans aucun aintervalles de tristaisse. Là, nous vairrons et nous aimerrons; nous pausséderon et nous jouiront; nous auron tout se que nous désiront, et nous n'aurons rien de se que nous crègnons. Là, le bien seras sans male, le plaisire sens douleures, labondance sans aindigeance, la santé sans mallady, la vis sens maurt, la pais sans gairre, sans trouble et sans ainquiétudes; anfain, nous seront parfaitemend eureux pendent toute léternitée — Verbe S'Humilier.

285e. EX. — Les jour que vous avé passé dans linaxion ou dens le plaisire, sond des jour perdu que vous avez sens doutte regretés plus d'une foi de navoir pas mieux enployé; c'est toujour avec une extremme chagrain que l'ont recouais, mais trot tart, que le tens perdu ne revien jamais. Combien ne contez-vous pas dheur que vous avé negligées de consacrer à votre instruxion, et qui orait servi à acroittre vos connaissanses et vos vertues. — Verbe Se Décider.

286e. EX. — L'église de Jésus-Christ à étée persécuté des sa naissance, san quelle ait été submergé, ni quél ait rien perdue de sa saintelée : a paine était-elle né, que toutes la nassion juive s'est soullevé pour l'étoufer, dans sont berceaux : les grand du monde, les sçavans de la Grece, et les gouverneur de provaince, ce son révolté contre linconpréhensibilitée de ces d'augmes; se sont éfrayé de la puretée et de la saintetée de sa mauralle. — Verbe S'Enivrer.

287e. EX. — Ils ce sont indigné contre la faiblesse est la pauvretée de ses nouvaus prédiquateur. Que de gibets est deschaffauts dressé pour faire mourirent les Chrétièn ! Que de feus alumé pour extirpé, pour faire oublié jusqu'aux non Crétien ! A quoi à aboutti cete épouventable conspirations contre l'Eglise ! — Verbe S'Enorgueillir.

288e. EX. — Ces grands de la taire ce sont épuise en

mennaces , an cruauté , en tourmants ; ses puissence mon-
dainnes ont passées et l'Eglise subsiste toujours ; les gibaits ont
tonbé de vieilesses , les roué est les chevallets sont husé par le
long et fréquant l'usage qu'on en à faits ; les bûchés ce sont consumé , est les feus se sont aitaint ; les ongle de ferres est les glaive
se sont émoussé à forsse de déchiré ses inocente victimmes.
— Verbe Sé Tromper.

289e. EX. — Le seng de plus de diz-hui milions de martyrs
a coulté par ruisseaus dans toutes les provaince ; dans toutes
les viles du monde , ce sang a été come une semence qui an-
ndre de nouvaus Chrétiens. Au millieux de ces persecution ,
l'Eglise crétiène c'est accru , c'est fortiffiié , et à trionphée du
paganisme.... — Verbe Se Battre.

290e. EX. — Les nasion on soummis leur prétendu sagesse si
venté à la sainte foliés de la crois ; cette crois jùsqu'alors
regardé comme un objed d'infamie est d'horreure , est montée ,
a été élevé jusque sur le trônne des empire ; tout les pœuple du
monde les plus dissolu , on reçu le joug de la foi ; les desserds
même les plus afreus, ce sont peuplé de seints pénitents.—Verbe
S'Amuser.

291e. EX. — De toutes les persecution que l'Eglise à soufert ,
les plus cruelos est les plus formidable ont étée celles que lui on
sussités ces propres anfans ; les plus dangereuse tempête qu'èlle
à essuyé , ont été celles qui se sont formés et qui son nés dans
son sain. Ces enemis d'omestique ont étés pluz a creindre que
les étrengers. — Verbe S'Etourdir.

292e. EX. — Les vants les plus furieus , les flauts les plus
irrité , les tempêties les plus viollente , n'ont pus ébrenller cette
Eglise bâtit sur la pierrés ferme contre laquelle les porte de
l'anfere viendront toujours se brissées. Elle à vue naître et
mourrir toute les saiclés qui avaiens jurées sa perte ; elles acu-
sait toutes l'Eglise d'aître tombés dans lereure , elles n'an
voullaient toutes , à les en croire , qu'à l'erreure et aux relà-
chemant. — Verbe S'Ecouter.

293e. EX. — Que ne se prometais poin cete nuée d'aineniies
de l'Eglise? Ariens , Nestoriens , Eulychéens , Pélagiens , Lu-
thémiens , Calvinistes , etc. , quels artiffices n'ont-il point mis
au œuvre? Tout l'anfer c'est soulevée , s'est armée contre
l'Eglise : cette pauvre nacelle , agitté aux millieux des flos , bâtu
par des vants furieus , semblais à tout maumen devoire aître
submerge. — Verbe Sé Lamenter.

294e. EX. — On eû dit même que le Sauveur l'avais abandoné à la furreure des vague est des flot ; ou du moins qu'ils
dormai durant la plus grende des tempête. Rassuré-vous , ne
craigné rien , les paurte de l'anfer ne prevodrous jamais contre
elle. An effet , tous ses vents impétueus son tonbé , toutes ses
nuées ont crevées est ce sont dissipé. — Verbe Se Blesser.

295e. EX. — Les sectes érétiques ou schismatique ce sont

toutes éllevés avec grand fracats ; elles ce sont rependus comme
des taurrens ; et après un nombre de jours eles ont étée détruites,
sen que l'Eglise de J.-C. an ai reçue la moindre fletrissurres.
Tant de victoirres remportés sur l'anféré prouve invaincible-
mant sa divinitée, sa seintetée, son unitée, son universallitée,
et ne servent qu'a son trionphe. — Verbe Se 1 latter.

296ᵉ. EX. — L'Eglise s'et ellevé par sa propre 1ertue, par sa
pur sintetée, sur les ruinnes supairbes de tant de tenples des
idaules : point de mautifs de crédibilité plus divains et plus
sures. Quelle bonneur pour nous d'aître nées est nourit dans
cette sinte religion ! Mais quel malheure d'aître Crétien et de ne
pas vivre selon les maxime de l'Evangiles ! Quelle malheure
d'aître anfent de l'Eglise est d'en violé les loix. — V. Importer.

297ᵉ. EX. — Nulle salue hor de l'Eglise catolique, s'ést
dans se bercaille que sont les oailles du divain pasteur ; hors
de là il nentande pas sa voie, et tot ou tar elles sont infalible-
ment dévoré : soyez dont toute votre vié dans cete barque, elle
n'à rien a crindre ni des flaux ni des vent. Le fils de Dieu à
promi son esprit au pilotte qui l'a condui ; c'et-à-dire au sou-
verain pontif son viquaire. Estimé-vous heureux d'être du
nonbre de ces enfans et soyez lui fidels en tout. — V. Pleuvoir.

298ᵉ. EX. — N'ayez point de liéson avec ses enemies ; les
entretient frécans avec les méchan, les impis, les aincréduls, les
érétiques, les indiférens ; sont toujours contagieus ; evitez-les
donc avec soins si vous voulé concervé une foi pure ; soumetez-
vous a ces dessision, et dites saus sesse : Je croit ce que l'Eglise
croit, j'abore ce quelle condanne ; vous ne pouver vous égare
en suivant une telle guide. Ne lisez jamais aucun livre suspè.
— Verbe Falloir.

EXERCICES

SUR LA PONCTUATION ET L'ORTHOGRAPHE.

299°. EXERCICE.—La virgulle indiques la moindre de toutes les pose elles doid-aître le seule carractaire dont ont fascé husage lorsqu'il ne sagi que dune seul division des sons partiels sens ooune subedivision subalterue La virgulle semploi donc pour séparé entreelle les parti semblable dune même frase les attribut se raportant au même suget les suget ce raportant aux même verbe plusieurs verbe se raportant aus même suget les réjime d'un mot quant il son de même natur.

300°. EX. — Letude rant savent et la refléction rant sages si le travaille vous éfré que la recoûpance vous anime o'il et d ficile de bien vivre il sera doux de bien mourire La charité et dousse pacia nto bienfesente.... Dieu est bon justés seint miséricordieu tout-puissau.... La richesse le plaisire la sentée l'onneure deviene des meaus pour qui ne s'est pas an usé Le regrait du passer le chagrain du presant linquiettude de la venire sont les fléos qui afllige le plus le genr humin.

301°. EX. — Le filosofe ce contante de çavoire que l'ame pance doütte croie résone conet veux reflecie appersoit.... Le Crétien plus instruie travail parlle agis vie meur an concequanse de l'imortalitée.... L'homme vertüeus sais raiglé ces désires ses gout ces traveaus ses plésires ses afection.... Je connait mon protecteure a la douceur de sa voie a la botée de sont visaje à la grasse de ces discours a la forse de son élauquanse à la noblèce de ses centimant à la sagesse de ces pansés à la tandrèce de son chœur à la bontée de son ame....

302°. EX. La virgulle se met ancore après un nom mis an appostrofe avant et après une frase insidente et antre deux proposicions conplète quoiques liés l'un à lotre par une conjonctions pourvue quel ne soit pas subdivisés en partis subalterne. Méchans cet bien a vous doser insi nomer un Dieu que votre bouclies enseigne a blasfémé.

303°. EX. — Terre ciel parlez randez gloire aux Seigneur La vie disait un filosofe ne doit aitre que la meditassion de la mord Ces bon livres dont vous mavez parlés aiclere mon esprit est ambrase mon cœur Il à racheté sès péchés par lomaune et les à expié par la penitänse Tout le monde ce pleint de sa memoire et persone ne ce pleint de son esprit Je connait l'Heûrope lAsie lAfrique et lAmerique.

3o4ᵉ. EX. — Le point avec la virgulle que l'on peux nomé
point-virgule marque une pose plus longue que la virgulle seul
Lorsque les partis principals dans lesquels une proposicion est
d'abord partagé sont subdivisé en parti subalternes celle-ci
doive être séparés par une virgulle et celle-la par le point-et-
virgulle ce signe ce met ancore aprés une frase dont le sans et
complé mais qui est suivi d'un autre qui en depant.

3o5ᵉ. EX. — Admire ton dans quelque saint un stil harmo-
nieus facille convinquant proffon c'est le grant Athanase lui
atribuent-ou l'élégance la clartée la deliquatesse la vivacitée
cest Chrisostôme le savoir le jugemend lexactitude cet Jérôme
la fermetée lonxion la forse la magestée set Ambroise le zèlle
lardeurè lintrepiditée le couraje cet Augustin la sensibilitée la
tandrèce la douceure cést François-de-Sales.

3o6ᵉ. EX. — Le substantiffe ladgectife le pronon le verbe le
participe sont des mot variablé la preposition ladverbe la
coujonxion et l'intergexion sont des maux invariable C'est par
la sagessé disait Salomon que je deviendrai ilustre parmi les
nassions que les vieiliard respecteront ma jeunèce que les rois
idolattre baisserons les yeux devant mon throne que les princes
voisains me crindront que je serai aimée dans la pais et redoutéc
dans la guere.

3o7ᵉ. EX. — Les deux point exprime un repos encore plus
considerable que le point virgulle on les amploi 1º. aprés une
frase fini mais suivi d'un autre qui leclercis ou qui cert a la
developpé 2º. aprés une propposicion qui anônse une enumeracion
3º. avant la proposicion qui est précédé d'une enumeracion
4º. aprés avoir anoncer un discour direct qu'on vat raporté soi
qu'on le site comme ayant été dit ou écri soi quon le proposés
comme pouvant être dit par soi ou par un autre.

3o8ᵉ. EX. — Si l'un des deux manbre d'une periode ran-
fermes plusieures proposicion subdivisés en partie subalternes
'l faudras divisé ces partie subalterne entre elle par une vir-
ulle les proposicion intégrantes par le point virgulle et les
eux parties prinsipalle de la période par les deux points,

3o9ᵉ. EX. — Jemisson sur nous-même appaisons le Seigneur
ar une conduite sainte reglé pieuse et par le changemànt de
os meurs retablissou la paix de Jesus-Christ dans nos cœups
almons nos passions alors nous jouirons de la paix et un repos
ternelle succedera a selui dicy ba L'irréligion et l'amour des
laisires sont les seuls sourses du malheur des hommes il ne
eulc depandre que deus même et se satisfaire en tous s'ils etait
lus vertueux et plus penitent on verais partout la joi la paix
t le bonheur.

3ıoᵉ. EX. — On doit remarqué dans un anfent chrétien un
hœur dossil pour recevoir les imprécion de la vertue noble

pour selevé au dessu des pacion ferme pour résisté à liniquitée
une esprit avide pour conaitre la véritée l'aimer et la pratiqué
une fermetée capable de resisté a tous les enemies de son salu et
surtout un caracter inperturbable qui lui face méprisé le respec
humin le quendiraton et les vins discours des hommes Du pain
des fruis de lerbe quelque racine un peu dau voilà ce qui faisé
la nouriture des solittairs.... En ce temp la Jesus dit a
ces dissiples alez ensaigné toute les nacions.... Celui qui
vous écoutent m'écoute et celui qui vous méprisent me méprise.... Je serai avec vous jusqu'à la consomacion des
ciecles....

311°. EX. — Le point se met a la fain de toutes les frases
qui ont un sans tout à fait indépandent de se qui suis ou du
moin qui n'on de lièson avec la suitté que par la convenense de
la matiaire et lanalogie généralle des pansé dirigés ver une
meme fin Les impis sont a plindre Les plaisir les honneur
les homme tout passe avec le tamp Ont fait ancore husage
du point toutes les foix que par abreviacion on necrit que la
premiere letre ou quelesques une des premieres letre du mot.

312°. EX. — Le point interogatife ce met a la fin de toute
proposicion qui interogent soi quelle fasse parti du discour ou
elle ce trouve, soi quelle y soie seulement raporté comme prononcé directement par une otre Qu'y a-t-il de plus doux a
une honête homme que de faires du bien a ces senblable Y a-t-il
rien dans les richesse et dans les grandeures qui puissent donné
un plaisir égalle à celui que rescend une bel ame apprès une
action seinte et louable La véritables plasse du point exclama-
tife est apprès toute les frases qui exprime la surprise la
tereur ou quellequ'autre sentiment affectueu comme de tandresse de pitié etc *Ex* Que les sage sont en peti nonbres
Qu'il est rares d'an trouvé Qu'il et dous de servire le Seigneur

FIN DES EXERCICES.

MODÈLES D'ACTES CIVILS.

Obligation, convention, engagement, promesse, reconnaissance.

Par obligation, on entend un acte par lequel on s'oblige à quelque chose sans restriction;

Par convention, on entend le consentement donné pour faire ou ne pas faire quelque chose réciproquement;

Par engagement, on entend l'acte par lequel on s'oblige à faire ou ne pas faire quelque chose, sous une certaine condition;

Par promesse, on entend l'obligation formelle de faire quelque chose dans un temps déterminé;

Par reconnaissance, on entend l'aveu d'une chose faite ou reçue. Ces actes sont les plus fréquens de la société; leur variété est infinie; mais tous en général se bornent à l'obligation, de la part d'une ou plusieurs personnes, de payer, donner, faire ou ne pas faire quelque chose.

Ces actes, ainsi que tous les autres, tiennent lieu de loi à ceux qui les ont souscrits, et doivent être exécutés de bonne foi, par eux ou par leurs héritiers ou successeurs. L'inexécution de ces actes donne lieu à des dommages et intérêts.

Obligation simple pour argent dû.

Je soussigné N... (*nom, prénoms, profession et demeure*) reconnais devoir à M. A... (*nom, prénoms, profession et demeure*) la somme de... (*désigner en toutes lettres la somme*), pour... (*exprimer la cause*) aquelle somme je promets et m'oblige lui rendre sans intérêts, le... (*désigner là date du jour, du mois, de l'an*), ou à sa première réquisition, en un seul paiement. A... ce... (*la date du jour et de l'an*). »   (*Signature.*)

Observation. Si l'acte n'est pas écrit de la main de l'obligé, il doit approuver l'écriture, et mettre un *bon* en toutes lettres de la somme qui y est contenue. Il en est de même pour tous les autres actes, en cette manière :

« Approuvé l'écriture ci-dessus. Bon pour la somme de... (*désigner cette somme*). »

Autre obligation pour argent dû.

« Je soussigné N:.., reconnais devoir à M... la somme de...., pour...., laquelle somme de... je promets et m'engage lui rembourser dans un an de ce jour, sans intérêts, en quatre paiemens égaux, de chacun...., dont le premier s'effectuera le...; le second, le...; le troisième, le...; et le quatrième et dernier, le... A...., ce... »

(Signature.)

Convention pour un local prêté.

« Entre nous soussignés N... d'une part, et D... d'autre part, convenons de ce qui suit :

» Que moi dit N... prête audit D... pour le temps et espace de...., à dater du...., un *appartement*, ou *une salle,* ou *une chambre,* ou *un jardin,* etc., à moi appartenant, pour par ledit D... s'en servir à.... (*désigner l'emploi*), à la charge par lui de... (*exposer les conditions*) ; lorsque ledit espace de... sera écoulé, ledit D... sera tenu de me remettre le... en tel état que je le lui ai prêté.

« Fait et signé double. A...., ce... »

(Signatures.)

Engagement de paiement à des époques fixes.

« Entre nous soussignés B... d'une part ;

» Et N... d'autre part ;

» A été convenu de ce qui suit, savoir :

» Le sieur B...., créancier du sieur N... de la somme de...., en vertu d'une obligation sous seing privé en date du...., enregistrée à... le...., exigible dès maintenant, consent, pour faciliter audit sieur N.... le paiement de cette somme par lui due, lui accorder un délai de deux ans, à partir de ce jour, à condition qu'il effectuera le paiement de la totalité de ladite somme en douze paiemens égaux de chacun..., de deux mois en deux mois, à partir du..., et qu'il paiera les intérêts de ladite somme à raison de cinq pour cent, lesquels intérêts seront joints à chaque paiement, et diminueront au fur et à mesure des remboursemens du capital ; à condition, en outre, qu'à défaut du paiement desdites portions du capital et des intérêts aux époques fixées, la totalité de la somme mentionnée en l'obligation ci-dessus, et les intérêts échus seront exigibles de suite, nonobstant les délais accordés par le présent, lesquels, en ce cas, seront considérés comme non avenus et nuls.

» De son côté, le sieur N.... s'engage à l'exécution du présent, et promet d'y satisfaire en tout son contenu.

» Ainsi arrêté, fait et signé double. A....; ce....»

(Signatures.)

Promesse avec stipulation de dommages et intérêts en cas d'inexécution.

« Entre nous soussignés, C.... d'une part ;

» Et N.... d'autre part ;

» A été convenu de ce qui suit, savoir :

» Le sieur C.... promet fournir et livrer, dans le courant de ce mois, au sieur N... (désigner l'objet), à raison de... francs par chaque... Le sieur N.... promet payer comptant lesdits... aussitôt la livraison. Si le sieur C... n'a pas fait au sieur N... la livraison desdits... dans le courant du mois, lesdits... resteront à la charge dudit sieur C..., qui, n outre, sera tenu de payer au sieur N... la somme e... pour lui valoir de dommages et intérêts, faute 'inexécution de la présente convention. Si le sieur ..., au moment de la livraison, ne satisfait pas au aiement desdits..., le sieur C... reprendra lesdits...., et le sieur N.... sera tenu de lui payer la somme de...., pour lui valoir pareillement de dommages et intérêts pour cause d'inexécution de la présente convention. Ainsi arrêté, fait et signé double. A...., ce... »

(Signatures.)

Reconnaissance d'ouvrages faits et fournis.

« Je soussigné N... reconnais que le sieur D... m'a fait et fourni, pendant le courant de ce mois... (*désigner l'objet et la quantité*), à raison de... par chaque...., ainsi que nous en sommes convenus, ce qui forme la somme de... dont je suis redevable audit sieur D..., laquelle somme je promets et m'oblige de lui payer dans un mois de ce jour.

» A..., ce... »

(Signature.)

Reconnaissance d'une dette d'un défunt par partie de ses cohéritiers.

« Nous soussignés, V... et D..., cohéritiers pour chacun un quart dans la succession du défunt T..., reconnaissons que la succession dudit T... est redevable de la somme de... envers le sieur G..., et nous engageons l'un et l'autre, sans aucune solidarité, à payer audit sieur G... chacun un quart de la somme de..., et ce sous le délai de... mois. A..., ce... »

(Signatures.)

Caution, solidarité, nantissement, gage, antichrèse.

Caution, acte par lequel une personne se soumet envers le créancier de quelqu'un à satisfaire à l'obligation contractée envers lui, si le débiteur n'y satisfait pas lui-même.

Caution simple pour le paiement d'une somme.

« Je soussigné N... promets et m'engage par le présent, comme caution de M. G..., payer à M. E... la somme de..., qui lui est due par le sieur G..., en vertu d'obligation sous seing privé, en date du..., payable le... du mois de...., dans le cas où

ledit M. G... ne satisferait pas à cette obligation.
A..., ce...» (Signature.)

Convention avec caution simple pour paiement.

« Entre nous soussignés N... d'une part;

» Et E... d'autre part;

» A été convenu de ce qui suit, savoir:

» Moi N... reconnais devoir à E... la somme de... pour logement et nourriture pendant l'espace de... mois, laquelle somme ne pouvant lui payer comptant, je m'oblige et m'engage, par le présent, à lui payer en quatre paiemens égaux, de chacun..., de mois en mois, à commencer du...

» Ce que moi dit E... ai consenti, sous la condition que ledit N... me fournirait caution de ladite somme de...

» A ce présent, G... a déclaré se rendre et constituer caution dudit N..., et s'est engagé, en son nom personnel, à payer à moi N... ladite somme de..., dans les cas où ledit E... ne l'acquitterait pas aux époques fixées par le présent.

» Fait et signé triple. A..., ce...»
  (Signatures.)

Convention avec caution solidaire pour paiement.

« Entre nous soussignés N... d'une part;

» Et G... d'autre part;

» A été convenu de ce qui suit, savoir:

» Moi N... promets et m'engage par le présent à fournir et livrer, dans ce jour, au sieur G... (*désigner l'objet*), moyennant la somme de..., pour laquelle je consens accorder audit sieur G... un délai de paiement de trois mois, à partir de ce jour.

» Ce que ledit sieur G... a accepté et consenti.

» A ce est intervenu le sieur H..., présent, lequel a déclaré se rendre caution solidaire dudit sieur G..., et s'est obligé, en son nom personnel, d'acquitter, envers moi N..., ladite somme de..., dans le cas où ledit sieur G... ne satisferait pas au paiement auquel il s'engage par le présent ; renonçant, ledit sieur H... au bénéfice de discussion, dont il n'entend en rien profiter quant au présent cautionnement.

» Fait et signé triple. A...., ce...»

(Signatures.)

Convention avec plusieurs cautions solidaires pour paiement.

« Entre nous soussignés N.... d'une part ;

» Et D... d'autre part ;

» A été convenu ce qui suit, savoir :

» Moi N..., porteur d'une obligation de la somme de..., souscrite par le sieur D..., sous la date du..., exigible de ce jour, consens, par le présent, accorder audit sieur D.... un nouveau délai de paiement de trois mois, et annuler ladite obligation, qui sera remplacée par le présent, à condition que ledit sieur D... me tiendra compte, à partir de ce jour jusqu'à celui de l'échéance, des intérêts de ladite somme de...., à raison de cinq pour cent par an, et qu'il me donnera pour cautions solidaires de ladite somme de... deux personnes solvables.

» Ce que ledit sieur D... a consenti, et a de suite présenté les sieurs B... et G...., que j'ai acceptés, lesquels ont déclaré se rendre et constituer, par le présent, cautions solidaires dudit sieur D... envers moi N... pour le paiement de la somme de... et des intérêts de ladite somme, dans trois mois de ce jour, dans le cas où ledit sieur D... n'effectuerait pas ce paiement à cette époque : renonçant lesdits sieurs B... et G... au bénéfice de discussion, dont ils n'entendent en rien profiter quant au présent cautionnement.

» Fait et signé quadruple, à...., ce...»

(Signatures.)

Obligation solidaire pour paiement.

« Nous soussignés J... et N.... reconnaisson devoir à M. M... la somme de...., pour... (dési gner l'objet) qu'il nous a fournie à tous deux conjointement, laquelle somme de... nous promettons et nous nous obligeons solidairement l'un pour l'autre de payer, dans un mois de ce jour, audit M. M..., avec les intérêts, à raison de cinq pour cent par au. A..., ce...»   *(Signatures.)*

Autre obligation solidaire pour paiement.

« Nous soussignés N..., M..., O..., tous trois frères, reconnaissons devoir à M. D... la somme de... (*désigner l'objet*) qu'il nous a fournie à tous trois conjointement, laquelle somme de... nous promettons et nous nous obligeons solidairement, un de nous seul pour tous, payer, dans trois mois de ce jour, audit M. D... ou à son fondé de pouvoirs, A..., ce...»   *(Signatures.)*

Nantissement, gage.

Le nantissement est un contrat par lequel un débiteur remet une chose à son créancier pour sûreté de la dette.

Le nantissement d'une chose mobilière s'appelle gage; celui d'une chose immobilière s'appelle antichrèse.

Le gage confère au créancier le droit de se faire payer sur la chose qui en est l'objet, par privilége et préférence aux autres créanciers.

Le créancier ne peut, à défaut de paiement, disposer du gage, sauf à lui à faire ordonner en justice que le gage lui demeurera en paiement, et jusqu'à due concurrence, d'après une estimation faite par experts, ou qu'il sera vendu aux enchères.

L'antichrèse, qui est le nantissement d'une chose immobilière, ne s'établit que par écrit. Le créancier n'acquiert par ce contrat que la faculté de percevoir les fruits de l'immeuble, à la charge de les imputer annuellement sur les intérêts, s'il lui en est dû, et ensuite sur le capital de sa créance.

Reconnaissance de gage donné pour sûreté d'une somme due.

« Entre nous soussignés N... d'une part;

» Et J... d'autre part;

» A été arrêté ce qui suit, savoir:

» Moi N... reconnais que le sieur J... m'a cejourd'hui remis (*détailler les objets*) pour sûreté et nantissement jusqu'au parfait et entier paiement de la somme de..., qu'il me doit pour (*énoncer la cause*), laquelle somme ledit sieur J... s'oblige, par le présent, de me rendre le... du mois de...; à défaut de quoi ledit sieur J... consent que, d'après une simple sommation à lui faite de payer à l'époque ci-dessus fixée, et sans qu'il soit besoin d'obtenir jugement, je fasse vendre aux enchères (*l'objet donné en gage*), pour, sur le prix desdits objets, être payé de ladite somme de... que ledit sieur J... me doit; et le surplus du produit de ladite vente, s'il en reste, tous frais payés, être remis audit sieur J...

» Fait et signé double, à..., ce...»

(*Signatures.*)

Autre reconnaissance de gage pour paiement.

« Entre nous soussignés N... d'une part;

» Et T... d'autre part;

» A été arrêté ce qui suit, savoir:

» Moi N..., reconnais que le sieur T..., mon débiteur de la somme de..., pour sûreté et garantie de ladite somme, qu'il promet et s'engage à me payer dans trois mois, de ce jour, m'a remis cejourd'hui..., à titre de nantissement... (*désigner l'objet*), pour conserver entre mes mains jusqu'au remboursement de ladite somme en entier et des intérêts, après lequel, ledit... (*l'objet*) lui sera remis.

» Moi T... consens qu'à défaut de paiement de ladite somme, au terme ci-dessus fixé, ledit sieur N..., sans aucune autre formalité de justice qu'une simple sommation, fasse vendre aux enchères ledit... (*l'objet*), pour, sur le prix qu'il sera vendu, être payé de ladite somme de... que je lui dois, ainsi que les frais qui pourront être dus, et le surplus m'être remis.

» Fait et signé double. A...., ce...»

(Signatures.)

Prêt, dépôt, séquestre.

Le prêt est un acte par lequel une des parties livre à l'autre une ou plusieurs choses, à la charge, par cette dernière, de les lui rendre en même nombre, espèce et qualité.

L'obligation qui résulte d'un prêt en argent n'est toujours que de la somme numérique énoncée au contrat.

S'il y a eu augmentation ou diminution d'espèces avant l'époque du paiement, le débiteur doit rendre la somme numérique prêtée, et ne doit rendre que cette somme dans les espèces ayant cours au moment du paiement.

Simple reconnaissance de prêt d'argent.

»Je soussigné N.... reconnais par le présent que le sieur D.... m'a cejourd'hui prêté la somme de...., laquelle somme je promets et m'engage lui remettre et rembourser le.... (*la date*). A....,ce....»

(Signature.)

Reconnaissance de prêt de marchandises.

«Je soussigné N...., reconnais par le présent que le sieur E... m'a cejourd'hui prêté... (*désigner la nature, la qualité, la quantité de marchandises*), lesquelles je promets et m'oblige lui rendre en telle (*nature, qualité et quantité*) que je les ai reçues.

» Dans le cas où je serais en retard ou dans l'impossibilité de rendre les mêmes marchandises en telle (*nature, qualité et quantité*), je promets et m'engage à payer audit sieur E... la valeur eu égard au temps

4

et au lieu où les choses prêtées devaient être rendues, et à payer les intérêts du prix, à compter du jour fixé pour la restitution des choses prêtées, et sans qu'il soit besoin, par ledit sieur E..., d'en faire la demande en justice. A..., ce...»

(Signature.)

Reconnaissance de prêt avec déclaration d'emploi.

« Entre nous soussignés N... d'une part;

» Et P... d'autre part;

» A été arrêté ce qui suit, savoir :

» Moi, N..., reconnais que le sieur P... m'a prêté la somme de..., que je déclare n'avoir empruntée que pour servir au paiement du prix d'une maison, ou ferme, ou terre, sise... (*désigner l'objet, l'endroit où il est situé, en faire la description*), que j'ai achetée de... (*nom du vendeur*), par acte (*ou sous seing privé, ou devant notaire*), en date du... (*la date*); laquelle somme je promets et m'oblige de rendre et restituer audit sieur P..., dans un an de ce jour, sans intérêts, en quatre paiemens égaux, de chacun..., de trois mois en trois mois, à commencer du...

» Et pour sûreté d'emploi de ladite somme de..., conformément à la désignation ci-dessus, je promets et m'oblige de rapporter sous huitaine, audit sieur P..., copie en forme du contrat de vente contenant que, dans le paiement de ladite maison (*ou autre objet*), est entrée ladite somme de..., que ledit sieur P... m'a prêtée pour ladite acquisition, afin que ledit sieur P..., prêteur, ait privilége spécial et hypothéque sur ladite maison (*ou ferme, ou terre*), et soit subrogé, jusqu'à la concurrence de ladite somme de... par lui prêtée, aux droits du vendeur, et ce sous peine d'être contraint de suite, après huitaine, au remboursement de ladite somme en totalité.

» Ce que ledit sieur P... a consenti.

» Fait et signé double. A..., ce...»

(Signatures.)

Du Dépôt.

Le dépôt est un acte par lequel on reçoit la chose d'autrui, à la charge de la garder et de la restituer en nature.

Le dépôt doit être prouvé par écrit. La preuve testimoniale n'en est point reçue pour valeur excédant cent cinquante francs.

Le dépôt ne peut avoir lieu qu'entre personnes capables de contracter.

Néanmoins, si une personne capable de contracter accepte le dépôt fait pour une personne incapable de contracter, elle est tenue de toutes les obligations d'un véritable dépositaire ; elle peut être poursuivie par le tuteur ou administrateur de la personne qui a fait le dépôt.

Reconnaissance de dépôt de marchandises.

« Je soussigné N...., reconnais, par le présent, que M. L... m'a remis en dépôt... (*désigner les marchandises*), que je promets lui remettre, à sa réquisition ou à la personne fondée de pouvoirs de lui à cet effet, en tel état que je les ai reçues de lui ; sauf le cas où, par événement imprévu ou force majeure, lesdites marchandises viendraient à périr.

A...., ce... » *(Signature.)*

Décharge de dépôt.

« Je soussigné reconnais que M. M... m'a remis cejourd'hui...., sur la demande que je lui en ai faite, les meubles et effets que j'avais déposés en sa maison le..., lesquels consistent en... (*les désigner*), et que j'ai trouvés en même état que je les avais déposés ; pourquoi je le tiens quitte et déchargé du dépôt.

A...., ce... » *(Signature.)*

Du Séquestre.

Le séquestre est le dépôt fait par une ou plusieurs personnes d'une chose contentieuse entre les mains d'un tiers qui s'oblige de la rendre, après la contestation terminée, à la personne qui sera jugée devoir l'obtenir.

Le séquestre peut avoir pour objet, non-seulement des effets mobiliers, mais même des immeubles.

Le dépositaire chargé du séquestre ne peut s'en décharger avant la contestation terminée, que du consentement de toutes les parties intéressées, ou pour une cause jugée légitime.

Séquestre volontaire de marchandises.

« Entre nous soussignés N...., d'une part;

» Et O...., d'autre part;

» A été convenu de ce qui suit; savoir :

» Que les marchandises.... (*leur désignation*) déposées maintenant... (*lieu de leur dépôt*), et qui sont la matière de la contestation qui existe entre nous, seront, de notre consentement volontaire et réciproque, séquestrées dans les magasins du sieur P...., où elles resteront jusqu'à ce que la contestation qui nous divise soit terminée, soit par arbitrage, soit par jugement du tribunal de...., sans qu'aucun de nous puisse retirer lesdites marchandises desdits magasins du sieur P...., si ce n'est d'après la décision des arbitres ou du jugement qui l'y autorisât, sous peine, de la part de celui de nous qui contreviendrait à la présente convention de.... (*désigner la somme*), de dommages et intérêts envers l'autre.

» En outre, que les frais de transport desdites marchandises dans les magasins dudit sieur P...., ainsi que ceux de séquestre, seraient payés audit sieur P...., par celui contre lequel la décision arbitrale ou le jugement du tribunal de...., aurait prononcé.

» A ce, est intervenu le sieur P...., lequel a déclaré consentir se charger du séquestre desdites marchandises, et se conformer à la présente convention.

» Fait et signé triple. A...., ce....»

(Signatures.)

Quittances, décharges, reçus, récépissés.

La quittance, la décharge, le reçu et le récépissé sont des actes par lesquels on tient quitte un débiteur de ce qu'il doit, on reconnaît qu'une personne a remis ce qu'on lui avait prêté, ou ce qu'on lui avait confié à titre de prêt, de dépôt ou autrement.

Quittance simple.

« Je soussigné M..., reconnais avoir reçu de T..., la somme de..., que ledit T... me devait, en vertu de..., de laquelle somme je le tiens quitte et décharge.

A..., ce...»   （Signature.)

Décharge d'un co-débiteur.

« Je soussigné N..., reconnais avoir reçu de M.S..., la somme de..., pour sa part et portion de la somme de..., qui m'est due par N..., de laquelle somme je le tiens personnellement quitte et décharge pour sadite part et portion, sans que la présente quittance puisse nuire ni préjudicier à ce qui m'est dû par les sieurs..., sur ladite somme de...

A..., ce...»   （Signature.)

Récépissé de pièces de co-héritiers ou autres.

« Je soussigné N..., co-héritier de la succession de..., reconnais que le sieur V... m'a remis les pièces et titres concernant la succession, au nombre de..., lesquels je lui avais confiés, sous son récépissé, que je lui ai cejourd'hui rendu : au moyen de quoi je le tiens quitte et décharge de la remise desdits titres et pièces, dont moi seul reste dépositaire et garant.

A..., ce...»   （Signature.)

Vente d'un objet quelconque.

« Entre nous soussignés N..., d'une part ;

» Et X..., d'autre part ;

» A été convenu de ce qui suit ; savoir :

» Moi N..., vends par la présente, audit sieur

X...., (*désigner l'objet que l'on vend*), moyennant la somme de..., que le sieur X... me payera comptant, lequel paiement ledit sieur X... a de suite effectué, et dont je le tiens quitte et décharge, et moyennant que ledit sieur prendra livraison à ses frais et dans ce jour, de... (*désigner l'objet*) : ce que ledit sieur a consenti et accepté.

» Fait et signé double. A..., ce...»

(Signatures.)

Vente d'effets mobiliers.

« Entre nous soussignés N..., d'une part;

» Et B..., d'autre part;

» A été convenu de ce qui suit; savoir :

» Moi N..., vends par le présent, au sieur B..., les meubles et effets suivans; savoir... (*désigner ces objets*) en tel état qu'ils sont, pour le prix de..., moyennant la somme de..., que ledit sieur B... m'a payée, moitié en monnaie métallique et moitié en un effet négociable de ladite somme de..., souscrit par le sieur D..., le..., au profit dudit sieur B..., et payable, à son ordre, à..., le..., et à condition que ledit sieur B... ne pourra enlever lesdits meubles et effets ci-dessus désignés et à lui vendus, qu'après le paiement dudit effet de la somme de..., et que ledit enlèvement sera fait à ses frais.

« Fait et signé double. A..., ce...»

(Signatures.)

Vente d'objets mobiliers à charge de réméré.

« Entre nous soussignés P..., d'une part;

» Et O..., d'autre part;

» A été convenu de ce qui suit; savoir :

» Que moi P..., vends à O..., (*désigner les objets vendus*) pour la somme de..., que ledit O... m'a payée ce jourd'hui; et dont le présent vaut quittance, sous la condition de pouvoir reprendre dans le délai de... (*fixer le temps*), lesdits..., dont ledit O... ne se dessaisira point jusqu'à ce temps, ainsi qu'il s'y engage par le présent, à la charge par moi, dans le cas de réméré ci-dessus stipulé, de payer audit O... la somme de...

» De son côté ledit O... s'oblige, dans le cas où il aurait disposé de... avant l'expiration du temps fixé, et qu'il ne pourrait en cas de réméré le fournir, à me faire à moi dit P... une remise de la somme de...., pour indemnité de la non-exécution de la présente convention.

Fait et signé double. A...., ce...»

(Signatures).

Vente d'une maison.

» Entre nous soussignés N..., d'une part;

» Et D..., d'autre part;

» A été convenu de ce qui suit, savoir:

» Moi N..., par le présent, vends, cède, quitte et délaisse, et promets garantir de tout trouble, hypothèque, éviction et généralement de tous empêchemens quelconques, au sieur D..., à ce présent et acceptant, acquéreur pour lui, ses héritiers et ayant-cause;

» Une maison à moi appartenant, en vertu de... (désigner à quel titre elle appartient au vendeur), située à... (l'endroit), consistant en... (la désignation), et en tel état qu'elle se trouve, pour, par ledit sieur D...., jouir et disposer de ladite maison comme de chose à lui appartenant en toute propriété, et entrer en jouissance à compter du... (la date), en toucher les loyers qui écherront à partir de l'époque de son entrée en jouissance.

» A la charge par ledit sieur D..., acquéreur, de maintenir les baux faits par moi sous seing privé aux sieurs S... et V...., le premier de... (désigner l'objet), sous la date du..., fait pour ... ans, qui ont commencé le... et fini le...; le second, de... (désigner l'objet), sous la date du..., fait pour ... ans, qui ont commencé le... et doivent finir le...

» Et moyennant la somme de...., dont celle de...

sera payée comptant, laquelle somme de... je reconnais avoir reçue, et dont je tiens quitte et décharge ledit sieur D..., et le surplus de ladite somme de... sera payé dans... (*l'époque*), au paiement de laquelle somme ladite maison vendue demeure, par privilége primitif, spécialement affectée, obligée et hypothéquée : m'oblige, moi M..., dit vendeur, de passer acte pardevant notaire de la présente vente, toutes fois et quand le requerra ledit sieur D..., parce que les frais du contrat et de l'enregistrement seront à la charge dudit sieur D...

« Fait et signé double. A..., ce...»

(*Signatures.*)

Acte de réméré.

« Entre nous soussignés N..., d'une part ;

» Et G..., d'autre part ;

» A été convenu de ce qui suit ; savoir :

» Moi, dit N..., reconnais, par le présent, que ledit sieur G... m'a cejourd'hui remis la somme de..., montant du prix de la vente de... (*désigner l'objet*), qu'il m'a faite sous seing privé, le..., à charge de réméré pendant le temps de..., et qu'il m'a pareillement remis la somme de..., montant des frais et faux frais que m'a occasionés ladite vente ; et comme ledit sieur G... est encore dans le temps de délai fixé par l'acte de vente pour le réméré stipulé à son profit, en le tenant quitte de ladite somme de..., et de celle de..., qu'il ne remet tant pour le montant du prix de ladite vente que pour les frais, je lui fais, par le présent, rétrocession et remise de... (*désigner l'objet*), pour en jouir et disposer comme de sa propriété, de même que si ladite vente n'eût point eu lieu, laquelle, par le présent, est déclarée nulle et non avenue.

» Fait et signé double. A..., ce...»

(*Signatures.*)

De la Cession et du Transport.

La cession, le transport sont des actes par lesquels

on cède à quelqu'un une créance, un droit, une action qui nous appartient.

Celui qui fait le transport est appelé cédant, et celui au profit de qui il est fait est appelé cessionnaire.

Transport de créance.

« Entre nous soussignés N.... d'une part;

» Et H... d'autre part;

» A été convenu de ce qui suit, savoir:

» Moi N... cède et transporte audit sieur H... la somme de..., à moi due par le sieur K..., en vertu de... (*désigner le titre en vertu duquel la somme est due*), lequel... (*titre*) j'ai présentement remis audit sieur H..., qui le reconnaît par le présent, sous la simple garantie de droit que ladite somme de... m'est bien légitimement due par ledit sieur K..., remettant audit sieur H... tous mes droits, actions, hypothèques et priviléges relativement à ladite somme due par le sieur K...

» Le présent transport fait moyennant la somme de... que m'a présentement comptée ledit sieur H..., ou fait en paiement de la somme de... par moi due audit sieur H..., moyennant que ledit sieur H... me tient quitte et décharge de ladite somme de... Fait et signé double. A... ce... »

(Signatures.)

De l'échange.

L'échange est un contrat par lequel les parties se donnent respectivement une chose pour une autre.

L'échange s'opère par le seul consentement, de la même manière que la vente.

Echange d'effets mobiliers.

« Entre nous soussignés N... d'une part;

» Et R... d'autre part;

» A été convenu de ce qui suit, savoir:

» Moi N... cède et délaisse, à titre d'échange,

4.

sans aucune garantie ou avec garantie, au sieur R...
(*désigner l'objet qu'on a échangé*).

» Moi R..., de mon côté, cède et délaisse en contre-échange, sans pareillement aucune garantie, audit sieur N... (*désigner l'objet*).

» Le présent échange, fait but à but, sans soulte ou retour de part ni d'autre, ou moyennant la somme de..., payée en retour audit sieur N..., par moi R,..., dont ledit sieur N..., par le présent, me tient quitte et décharge.

» Fait et signé double. A..., ce...»

(Signatures.)

Baux de maisons, de biens, Rétrocessions, Résiliations de baux.

Le bail est un acte par lequel une personne donne à une autre la jouissance ou l'usage d'une chose pendant un temps déterminé, moyennant un certain prix.

Un bail peut être fait verbalement ou par écrit.

La durée du bail écrit ne peut être que d'un certain temps; car si elle était à perpétuité, ce serait une véritable vente, moyennant une rente qui serait rachetable lorsque le désirerait l'acquéreur.

On peut faire des baux à vie, c'est-à-dire qui finissent avec la vie du preneur ou celle du bailleur.

Ordinairement les baux se font pour trois, six et neuf ans : on peut les faire pour un temps encore plus long.

Bail d'une maison.

« Entre nous soussignés E.... d'une part ;

» Et P.... d'autre part ;

» A été convenu de ce qui suit, savoir :

» Moi E.... donne par le présent à bail à loyer et prix d'argent, à P..., ce acceptant, preneur, pour (*trois, ou six, ou neuf*) années entières et consécutives, qui commenceront à courir.... (*indiquer l'époque de l'entrée en jouissance*), une maison sise.... (*indiquer l'endroit, la rue, le numéro*), ladite maison.

consistant en... (*faire la description*), tous lesquels lieux le preneur déclare bien connaître pour les avoir vus et visités.

» Le présent bail fait moyennant la somme de..., que ledit P... promet et s'oblige de payer à moi, dit bailleur, en ma demeure, ou au porteur de ma quittance, en quatre paiemens égaux, de trois mois, aux quatre termes accoutumés de l'année, dont le premier écherra le... (*désigner la date*) prochain; et ainsi continuer de terme en terme jusqu'à la fin du présent bail, et en outre aux charges, clauses et conditions suivantes; savoir : par ledit preneur de garnir ladite maison de meubles suffisans pour la sûreté dudit loyer, d'entretenir ladite maison de réparations locatives nécessaires à y faire pendant tout le temps dudit bail, et, à la fin d'icelui, de la rendre et délaisser un bon état d'icelles, et entièrement conforme à l'état qui en sera fait entre nous; de souffrir faire les grosses réparations, si aucunes conviennent dans le cours dudit bail; de payer l'impôt des portes et fenêtres et autres, dû personnellement par les locataires, d'acquitter les charges de ville et de police dont les locataires sont tenus : le tout sans pouvoir prétendre aucune diminution dudit loyer; enfin, de ne céder ni transporter son droit au présent bail, en tout ou en partie, à qui que ce soit, sans le consentement exprès et par écrit de moi dit bailleur, qui, de mon côté, promets tenir ledit preneur clos et couvert dans ladite maison et lieux en dépendant.

» Fait et signé double, A..., ce...»

(Signatures.)

Clause de paiement de six mois d'avance.

« A la charge de payer six mois d'avance, lequel paiement sera imputé sur les six derniers mois de jouissance du présent bail, en sorte que l'ordre ci-dessus fixé pour les paiemens ne soit aucunement interverti. »

Clause de paiement en monnaie et non en billets.

« Lequel paiement aura lieu en espèces métalliques ayant cours de monnaie aux titre, poids et valeurs actuels, et non en aucuns papiers, billets ni autrement ; de convention expresse entre les parties, laquelle sera de rigueur et ne pourra être réputée comminatoire ; ledit preneur reconnaissant que, sans l'assurance de son exécution, le présent bail n'aurait pas eu lieu, et renonçant au bénéfice de toutes les lois faites ou à intervenir, qui pourraient y être contraires. »

Clause de faculté de résoudre le bail.

« Conviennent, lesdites parties, qu'elles pourront respectivement se désister et départir du présent bail, en s'avertissant l'un l'autre six mois auparavant ; quoi faisant, ledit bail sera et demeurera nul et résolu pour le temps qui restera alors à expirer, sans pouvoir prétendre l'un contre l'autre aucuns dommages et intérêts, sans préjudice des loyers alors dus. »

Clause de permission de faire des changemens dans le bail.

« A été convenu entre les parties que ledit preneur pourrait, d'après le consentement et la permission que je lui en donne par le présent, faire... (exprimer les changemens), à la charge de remettre et rétablir les lieux en tel et semblable état qu'ils sont à présent ; à l'effet de quoi il sera dressé un état desdits lieux, dont chacun aura copie pardevant soi, et ce, avant d'entrer dans ladite maison. »

On peut ajouter : « Et néanmoins sera au choix dudit bailleur, de retenir les choses échangées ou augmentées, si bon lui semble, sans aucun remboursement, récompense ni diminution dudit loyer ; auquel cas ledit preneur sera déchargé de mettre les lieux dans l'état qu'ils sont à présent. »

Clause de résiliation de bail en cas de vente.

» Si, pendant ledit temps, ledit bailleur vend et

echange ladite maison, en ce cas ledit présent bail demeurera nul et résolu pour le temps qui en restera à expirer, en avertissant le preneur six mois auparavant, sans pouvoir, par ledit preneur, prétendre aucuns dommages et intérêts, frais et dépens, ni diminution de loyer. »

Sous-bail d'un principal locataire.

« Entre nous soussignés. N..., principal locataire d'une maison sise (*désigner le lieu, la rue, le numéro*), appartenant à G.... (*nom du propriétaire*), en vertu d'un bail sous seing privé, ou pardevant notaire, que ce dernier m'en a passé le.... (*la date*), d'une part ;

» Et R..., d'autre part ;

» A été convenu de ce qui suit :

» Moi N..., reconnais avoir sous-loué, en madite qualité, à R..., pour tout le temps qui reste à courir, de ce jour, de mon propre bail, qui est de...., (*énoncer le temps*), les lieux dépendant de ladite maison, qui s'ensuivent, savoir : (*désigner les lieux*) ; « Et ce, moyennant la somme de...., pour et par chacun an, payable en quatre paiemens égaux de trois mois en trois mois, aux quatre termes accoutumés, dont le premier écherra le..., et ainsi continuer de terme en terme jusqu'à la fin du présent bail, et en outre aux charges, clauses et conditions suivantes, savoir : par ledit preneur de garnir le local de meubles suffisans pour répondre du loyer ; d'entretenir ledit local de réparations locatives nécessaires à faire, pendant tout le temps dudit bail et à la fin d'icelui le rendre et délaisser en bon état d'icelles, et entièrement conforme à l'état qui en sera fait entre nous ou à la suite du présent, de souffrir faire les grosses réparations, si aucunes conviennent dans le cours dudit bail, de payer l'impôt des portes et fenêtres, et enfin de ne pouvoir céder, transporter son droit au présent bail sans le consentement exprès et par écrit de moi dit bailleur.

» Fait et signé double. A...., ce... »

(Signatures.)

Etat de lieux.

Entre nous N... d'une part;

Et P... d'autre part;

A été fait et dressé l'état suivant des objets conte-nus dans le local loué par moi dit N... audit P..., par bail passé devant... notaire, le..., ou par bail sous seing privé fait entre nous le..., SAVOIR :

Dans la cave, trois pièces de..., de la longueur de..., pour servir de chantiers. Un caveau ayant porte garnie de gonds, pentures et serrure avec clef en bon état, etc.

Dans la cuisine au rez-de-chaussée, à la cheminée une plaque en fonte en bon état, ou cassée, ou écor-née; un fourneau potager garni de.... réchaux en fonte avec leurs grilles en bon état, etc.

Dans l'appartement au premier, sur la cheminée une glace d'une seule pièce, de... pouces de haut sur... pouces de large, en bon état; un chambranle en marbre de couleur... avec sa tablette, etc.

Lequel état nous avons fait et signé double entre nous, à Paris, ce...

Quittance de loyer.

» Je soussigné propriétaire, ou principal locataire d'une maison (*ou tout autre objet*), reconnais avoir reçu du sieur D..., locataire ou fermier, la somme de...., pour trois ou six mois de loyer échus au...., (*la date*), de ladite maison (*ou ferme, ou autre objet*), qu'il tient de moi, en vertu d'un bail sous seing privé, en date du.... (*la date*), dont quittance pour solde dudit loyer jusqu'à ce jour, et ce, sans préju-dice du terme courant.

» A...., ce...»   (*Signature.*)

Constitution de rente.

« Entre nous soussignés N...., d'une part;

» Et A...., d'autre part;

» A été convenu de ce qui suit, savoir :

» Moi N...., reconnais par le présent avoir cons-

titué, assis et assigné sur moi, au profit du sieur A...,
à ce présent et acceptant pour lui, ses héritiers et
ayant-cause, la somme de... francs de rente annuelle et perpétuelle, exempte de toute retenue de
contributions et impositions publiques actuellement
existantes, ou qui pourraient être établies par la
suite; laquelle somme de... je promets et m'engage
de payer audit sieur A..., en son domicile, à..., ou
au porteur de sa quittance, ou à son fondé de pouvoirs, par chaque année, en quatre paiemens égaux,
de trois mois en trois mois, à partir de ce jour, le
premier desquels paiemens se fera le..., le second
le..., le troisième le..., le quatrième le..., pour
ainsi continuer de terme en terme, tant que ladite
rente aura cours.

» Et pour sûreté de paiement de ladite rente en
principal et arrérages, j'affecte, oblige et hypothèque
tous mes biens présens et à venir, et notamment
une maison, ou une ferme, ou une terre, à moi appartenant en vertu de l'acquisition que j'en ai faite,
par acte sous seing privé ou pardevant..., notaire
à..., le..., ladite propriété située à... (*le lieu*),
consistant en... (*donner la désignation*), louée par
bail sous seing privé en date du..., au sieur..., pour
la somme de...

» La présente constitution est faite moyennant la
somme de..., que je reconnais avoir reçue cejour-
d'hui dudit sieur A...

» Le rachat de la présente rente pourra être fait en
tout temps par moi ou mes héritiers, en rendant ou
restituant audit sieur A... ou à ses héritiers, la
somme de..., principal de ladite rente, ainsi que les
arrérages qui en seront alors dus et échus, et après
avoir prévenu dudit rachat ledit sieur A..., ou ses
héritiers trois mois d'avance.

» Sera le présent acte reconnu pardevant notaire,
et aux frais de moi N..., constituant, si le sieur A...
l'exige. Fait et signé double. A..., ce...»

(Signatures.)

Constitution de rente avec caution.

« Entre nous soussignés N..., d'une part ;

» Et C..., d'autre part ;

» A été convenu de ce qui suit, savoir :

» Le sieur N..., crée et constitue au profit du sieur C... ou de ses héritiers et ayant-cause ... fr. de rente annuelle et perpétuelle, exempte de toute retenue d'impositions quelconques, qu'il promet et s'engage payer audit sieur C..., en quatre paiemens égaux de chacun..., de trois mois en trois mois, et dont le premier paiement commencera le..., pour ainsi continuer jusqu'au rachat de ladite rente.

» La présente constitution est faite moyennant la somme de..., que ledit sieur C... lui a cejourd'hui prêtée et délivrée en espèces d'argent monnoyé.

» Ladite rente cessera aussitôt le remboursement que ledit sieur N... aura fait audit sieur C... de ladite somme de..., par lui prêtée, lequel remboursement pourra avoir lieu à sa volonté, après avoir néanmoins prévenu ledit sieur C... trois mois d'avance.

» Dans le cas où ledit sieur N... manquerait au paiement de deux termes échus de ladite rente, ledit sieur C... aura le droit d'exiger de suite le remboursement de ladite somme de...

» Et pour sûreté de paiement, tant des arrérages de ladite rente, que de la somme de..., formant le capital qui a donné lieu à la présente constitution, le sieur E... se rend, par le présent, caution dudit sieur N... envers ledit sieur C..., et s'engage solidairement, avec ledit sieur N..., à payer ladite rente de..., de la manière et aux termes ci-dessus expliqués, et au remboursement dans le cas où il deviendrait exigible de la part du sieur C..., faute, par le sieur N..., d'avoir été deux termes sans payer ainsi qu'il est ci-dessus spécifié.

» Sera le présent reconnu pardevant notaire, aux frais dudit sieur N...., à la volonté dudit sieur G...

« Fait et signé triple. A...., ce....»

(Signatures.)

Procuration spéciale ou particulière.

» Je soussigné...., donne, par le présent, pouvoir à B.... de... pour moi et en mon nom... (désigner le motif de la procuration).

» Promettant d'avoir pour agréable et de ratifier à sa volonté, ou à sa première réquisition, tout ce qu'il aura fait à cet égard. A...., ce...» (Signature.)

Comptes de tutelle, comptes de communauté.

Le compte de tutelle est le compte que tout tuteur doit rendre de sa gestion et administration des biens d'un mineur, lorsque ce mineur a atteint sa majorité, ou a obtenu son émancipation; ce compte peut se rendre à l'amiable, et s'il s'élève sur ce compte des contestations, elles sont portées devant le tribunal de première instance, qui les juge comme les autres contestations en matière civile.

Compte de tutelle.

« Compte de tutelle qui rend le sieur N...., au sieur G...., fils mineur de défunt G...., devenu maintenant majeur ou émancipé par acte du...., comme ayant eu la tutelle dudit sieur G...., mineur, depuis le... jusqu'au...

CHAPITRE PREMIER. — Recette.

Article premier. — Pour vente de meubles et effets dépendans de la succession du sieur G...., père dudit G...., mineur...., suivant procès-verbal de la vente qui en a été dressé le...., par P...., huissier-priseur. Reçu... francs...., ci...............   fr.   c.

                                                          0   0

2. Reçu de D...., débiteur du sieur G...., défunt, en vertu de... la somme de... francs...., ci...........................   0   0

3. Reçu du sieur O...., la somme de....
francs.... pour remboursement de la rente
de...., constituée par lui au profit dudit
sieur G..., par acte..., en date du..., ci...   o   o

4. (*Continuer ainsi toutes espèces de recettes*).

.TOTAL......   o   o

CHAPITRE II. — *Dépense.*

Article premier. — Payé au juge-de-paix   fr.   c.
du canton, ou de la ville de...., qui a apposé les scellés, en a fait la reconnaissance
et la levée après le décès dudit sieur G...,
la somme de...., suivant la quittance du
greffier dudit juge-de-paix, ci..........   o   o

2. Payé au sieur B..., notaire à...., qui
a procédé à l'inventaire des meubles et effets, titres et papiers, après la reconnaissance et levée des scellés, la somme
de...., suivant sa quittance, ci.........   o   o

3. Payé pour frais d'inhumation dudit
sieur G...., la somme de..., suivant les
quittances de.........................   o   o

4. Payé pour frais de maladie dudit
sieur G... la somme de...., suivant les
quittances des sieurs, ci.................   o   o

5. (*Continuer ainsi tous les paiemens
faits*).

TOTAL......   o   o

CHAPITRE III. — *Sommes à recouvrer.*

Article premier. — Dû, par le sieur F...,   fr.   c.
la somme de..., en vertu de...., et d'après les poursuites faites contre lui, et
prouvées par...; ci....................   o   o

2. Dû, par le sieur E... la somme de...,
en vertu de...., non encore exigible, ci..   o   o

3. Dû, par le sieur R..., absent depuis...
ans, la somme...., en vertu de..., ci...   0   0

4. (*Continuer ainsi toutes les sommes à recouvrer*).

Total.....   0   0

RÉCAPITULATION.

Chapitre. — *Recette*................ 0 fr. 0 c.
Chapitre II. — *Dépense*............... 0   0
Chapitre III. — *Sommes à recouvrer*... 0   0

Total..... 0   0

» Du présent compte que déclare et affirme sincère et véritable ledit sieur N..., il résulte que la recette excédant la dépense de..., ledit sieur N... est redevable audit sieur G... fils de la somme de..., ou la dépense excédant la recette de la somme de..., ledit sieur G... fils est redevable audit sieur N... de la somme de...

» Il résulte pareillement que ledit sieur N... a, par suite de sa gestion, encore à recouvrer, de différentes personnes, la somme de... en totalité, lesquels recouvremens n'ont pu être faits par lui, ainsi qu'il en justifie.

Fait à...., ce...»   (*Signature*.) 

MODÈLES D'ACTES COMMERCIAUX.

Des lettres de change et billets.

La lettre de change est un écrit par lequel un des contractans s'oblige de faire payer une certaine somme à un autre, par une tierce personne, ou à celle qui se trouvera avoir son ordre, dans un endroit différent du lieu où elle a été tirée.

Une lettre de change, d'après l'article 110 du Code de commerce, doit contenir l'endroit où on la tire, la date, la somme à payer, le nom de celui qui doit la payer, l'époque et le lieu où le paiement doit s'effectuer, la valeur fournie en espèces, en marchandises, ou compte, ou de toute autre manière ; l'ordre d'un tiers ou du tireur lui-même, si elle est par 1re, 2e, 3e, 4e, etc.

Il n'est pas nécessaire que la lettre de change soit écrite de la main de celui qui la tire, ni même qu'il approuve l'énonciation de la somme à payer ; l'article 1326 du Code civil dispense de cette formalité.

Si la lettre de change n'énonce pas la valeur fournie, soit en espèces, soit en marchandises, soit en compte, pour laquelle elle est tirée, et qu'elle ne s'énonce qu'ainsi : valeur reçue, elle n'est point considérée comme lettre de change, mais comme un simple prêt ; mais si elle énonce valeur reçue comptant, l'énonciation est suffisante, parce que l'usage l'a fait adopter dans le commerce comme équivalant au mot argent ou espèces.

La lettre de change qui ne renferme point d'ordre n'est qu'un mandat, une sorte de rescription, qui ne peut circuler dans le commerce.

Le tireur peut ajouter dans la lettre, par précaution, que faute d'acceptation ou de paiement de la part de la personne sur qui elle est tirée, on s'adressera, au besoin, à la personne dont elle indique le nom et le domicile.

Une lettre de change peut être tirée à vue,

<table>
<tr><td>à un ou plusieurs jours</td><td rowspan="3">} de vue,</td></tr>
<tr><td>à un ou plusieurs mois</td></tr>
<tr><td>à une ou plusieurs usances</td></tr>
<tr><td>à un ou plusieurs jours</td><td rowspan="3">} de date.</td></tr>
<tr><td>à un ou plusieurs mois</td></tr>
<tr><td>à une ou plusieurs usances</td></tr>
</table>

La lettre de change à vue est payable à sa présentation.

L'usance est de trente jours, qui courent du lendemain de la date de la lettre de change.

Le tireur et les endosseurs d'une lettre de change

sont gérans solidaires de l'acceptation, et du paiement
à l'échéance.

La lettre de change, faute d'acceptation, doit être
protestée : elle doit être pareillement protestée faute
de paiement.

Lettre de change à jour fixe.

Paris, ce... 1827.   Bon pour 1,500 fr.

    Monsieur,

Au premier..... prochain, il vous plaira payer
par cette première lettre de change, ou par cette seconde lettre de change, la première n'ayant pas été
payée, ou ayant été égarée, à M. A.... ou à son
ordre, la somme de quinze cents francs, valeur reçue
comptant, ou en marchandises, ou en compte, et
que vous passerez en compte, suivant l'avis de....

    A Monsieur,   Votre serviteur.
    P...   (Signature.)

Lettre de change à vue.

Paris, ce... 1827.   Bon pour 1,000 fr.

A vue, ou à dix jours de vue, il vous plaira payer
(comme à la précédente.)

Lettre de change à l'ordre du tireur.

Au....; il vous plaira payer, par cette seule lettre
de change, à mon ordre, la somme de...., etc.
(comme à la première.)

Endossement.

Pour moi, payer à l'ordre de Monsieur B...., pour
valeur reçue comptant, ou en marchandises reçues
de lui. A...., ce...   (Signature.)

Billet à ordre.

A,... prochain, je paierai en mon domicile, à...
M. G..., ou à son ordre, la somme de:..., valeur
reçue comptant, ou en marchandises. A...., ce...
    Bon p... fr.   (Signature.)

Endossement.

Payer à l'ordre de R..., valeur reçue comptant,
ou en marchandises, ou en compte.

A..., ce...

(Signature.)

Arrêté de compte entre marchands.

« Entre nous soussignés N... d'une part;

» Et R... d'autre part;

» A été convenu de ce qui suit, savoir :

» Après avoir examiné les comptes de fournitures
et livraisons de marchandises, que nous nous sommes
faits réciproquement l'un à l'autre, depuis... jusqu'à ce jour, vu qu'il résulte que moi N... est redevable à R..., je promets et m'engage, par le présent,
lui payer ladite somme de..., dans un mois de ce jour.

» Au moyen de quoi, nous nous tenons quittes et
déchargeons réciproquement de toutes demandes
relatives audit compte, entre nous réglé et arrêté en
définitif.

» Fait et signé double à..., ce...»

(Signatures.)

Convention pour acheter en société des marchandises, et les partager ensuite.

« Entre nous soussignés R... d'une part;

» Et J... d'autre part;

» A été convenu de ce qui suit, savoir :

» Que nous ferons en société l'achat de... (désigner l'objet), et payerons moitié par moitié le prix
dudit achat, et qu'après ledit achat, il en sera fait
entre nous un partage égal, pour chacun de nous en
jouir et disposer de sa moitié comme il avisera bien,
sans que l'un de nous ait droit à aucune répétition
sur l'autre, pour plus forte ou moindre valeur de sa
moitié qu'il aurait acceptée.

» Fait et signé double à..., ce...»

(Signatures.)

*Autre pouvoir donné par un commerçd   à son commis,
pour gérer les affaires de son co   merce.*

« Je soussigné, donne, par le présent, à B...,
pouvoir de, pour moi et en mon nom, faire ventes
et envois de toutes marchandises de mon commerce,
d'en régler et recevoir le montant, d'en donner reçu
et quittance; de recevoir ou refuser toutes marchandises qui me seront adressées, soit par rouliers,
voituriers, soit par toute autre voie; d'en donner
décharge, et d'acquitter ou contester et débattre le
prix du transport ou de la voiture; de recevoir lettres
de change, billets, mandats et comptes courans à
moi dus, d'en donner acquit, de payer toutes lettres
de change, billets et mandats, et comptes courans
par moi dus, et d'en retirer acquit ou décharge à
mon compte; d'employer en frais et dépenses jusqu'à
la concurrence de la somme de...; de toutes lesquelles opérations il sera tenu de tenir écriture et de
me rendre raison.

» A..., ce...»   (*Signature.*)

Des Engagemens.

Un engagement est le résultat de conventions qui
tiennent lieu de loi à ceux qui les ont signées, et
dont l'inexécution donne lieu à des dommages et intérêts envers ceux qui les réclament.

Engagement d'apprenti.

« Entre nous soussignés N... d'une part;
» Et M... d'autre part;
» A été arrêté ce qui suit, savoir:
» Moi N..., conviens prendre en apprentissage
chez moi, M... fils, âgé de... ans, pour le temps
et espace de... ans consécutifs, à partir de ce jour,
afin de lui apprendre mon état de..., moyennant la
somme de... que le sieur M... promet et s'engage
me payer en trois paiemens égaux; savoir... présentement..., dans..., et... dans..., et à condition
que, dans le cas où ledit sieur M... retirerait son

fils de chez moi, ou que son fils en sortirait de sa propre volonté avant d'avoir fini le temps de son apprentissage, à moins qu'il ne fût malade, ou que ce né fût pour le service militaire, ledit sieur M... père, non-seulement perdra les sommes par lui payées par ledit apprentissage, mais encore sera tenu de me payer, par forme d'indemnité, la somme de..., ce que ledit sieur M... a consenti moyennant les clauses et conditions que son fils ne serait tenu de se rendre chez moi que depuis 6 heures du matin jusqu'à 7 heures du soir, et seulement les jours de travail et nullement les jours de fêtes et de dimanches, et que les jours de travail il aura les heures accordées ordinairement dans toutes les professions pour prendre ses repas, à quoi j'ai consenti. Ledit sieur M... m'a payé ladite somme de..., dont le présent lui tiendra lieu de quittance.

» Fait et signé double, à..., ce...»

(*Signatures.*)

Cession volontaire de biens.

« Nous, A..., B..., C..., D..., créanciers de N..., acceptons volontairement la cession que nous fait le sieur N..., notre débiteur, de tous ses biens, dans l'impossibilité où il se trouve de remplir les engagemens de commerce qu'il a contractés envers nous : pourquoi, au moyen de ladite cession, nous, susdits créanciers, tenons quitte et déchargeons ledit sieur N... de toutes dettes envers nous jusqu'à ce jour, et renonçons à l'inquiéter au sujet des obligations et effets de commerce souscrits ou endossés par lui à notre profit.

» Fait et signé quintuple, à..., ce...»

(*Signatures.*)

FIN.

Imprimerie de Jⁿ. MORONVAL, rue Galande, n°. 65.